Anne Lucas

Blitzschnelle Rezepte (nicht nur) fürs Homeoffice

Schneller als der
Lieferservice

Bassermann

INHALTSVERZEICHNIS

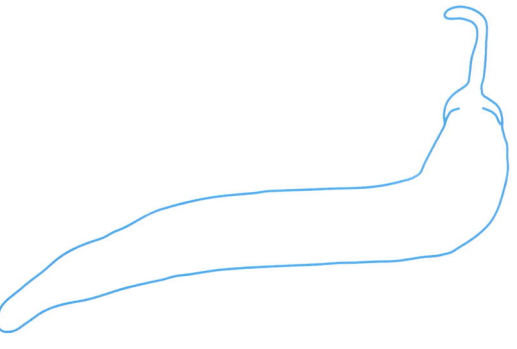

SCHNELLER ALS DER LIEFERSERVICE

Geht das überhaupt? Dieses Kochbuch gibt den Beweis! Wenn plötzlich der große Hunger kommt, scheint die beste, schnellste und einfachste Lösung der Griff zum Telefon. Der Lieferservice soll Abwechslung auf den Tisch bringen, und zwar schnell. Aber: Mitunter sind bis zu 45 Minuten Wartezeit zäh wie Kaugummi, das gelieferte Essen meistens lauwarm. Mit diesem Buch geben wir Ihnen Besseres an die Hand: Wir liefern die Anleitungen für internationale Gerichte, die wirklich schnell gehen, keinen Mindestbestellwert haben, heiß auf den Teller kommen und obendrein noch sehr viel besser schmecken.

Dieses Kochbuch weist den Weg zu schnellem Genuss:

- Mehr als 80 leckere und einfach zu kochende Rezepte.
- Alle Gerichte sind in maximal 45 Minuten zubereitet.
- Die Gerichte kommen sofort frisch, knackig bzw. heiß auf den Tisch.
- Für Abwechslung ist gesorgt. Die Rezepte stammen aus Italien, Asien, dem Orient, dem Mittelmeerraum, Deutschland und weiteren Ländern.
- Die Rezepte enthalten keine unerwünschten Zusatzstoffe wie Aromen oder Geschmacksverstärker.
- Die Zutaten für die Rezepte sind in gut sortierten Supermärkten erhältlich.
- Die Rezepte sind für zwei Personen, können jedoch problemlos verdoppelt oder verdreifacht werden, um auch Familien zu verköstigen.
- Mit Tipps und Querverweisen zu den Gerichten können die Rezepte abgewandelt, vereinfacht oder aufgewertet werden.

ZUTATEN AUF VORRAT

Nun fragen Sie sich, wie Sie schneller und flexibler sind als der Lieferservice? Ganz einfach: **Sie brauchen nur einen gut sortierten Vorrat an Grundzutaten.** So wird der wöchentliche Einkauf eine stressfreie Angelegenheit, und Sie schütteln abwechslungsreiche Gerichte jederzeit locker aus dem Ärmel.

Lebensmittel, die immer im Haus sein sollten:

Tiefkühlprodukte
Erbsen, Blattspinat, Fisch, Garnelen
Dosenware
Hülsenfrüchte (z. B. Bohnen), Kokosmilch, Mais, stückige Tomaten, Tomatenmark
Trockenprodukte
Bulgur, Couscous, Nudeln, Reis, Semmelbrösel
Frische Produkte
Ingwer, Kartoffeln, Knoblauch, Limetten, Biozitronen, rote und weiße Zwiebeln, Eier, Milch

Gewürze & Co.
Biobrühpulver, Chiliflocken, Currypulver, Estragon, Essig, Ketchup, Kreuzkümmel, Kümmel, Oregano, Paprikapulver, Pfeffer, Salz, Senf, Zimt, Zucker
Kräuter im Topf
Basilikum, Rosmarin, Thymian
Fette
Öl, Butter, Butterschmalz
Sonstiges
Mehl, Backpulver, Parmesan, Pizzateig-Backmischung

LAGERUNG VON LEBENSMITTELN

Um die Qualität von Lebensmitteln zu schützen und die Haltbarkeit zu verlängern, müssen sie richtig aufbewahrt werden. Zudem sollte man alle Produkte übersichtlich lagern, damit sie nicht in Vergessenheit geraten und verderben. Überprüfen Sie Ihren Vorrat regelmäßig.

Obst und Gemüse
- Äpfel, Birnen, Kartoffeln, Knoblauch und Zwiebeln an einem kühlen, dunklen Ort lagern.
- Ananas, Avocados, Bananen, Mangos und Tomaten in einer Schale in der Küche aufbewahren.
- Zitrusfrüchte und Gemüse wie Bohnen, Brokkoli, Möhren und Paprikaschoten im Gemüsefach des Kühlschranks lagern.

Eiweißlieferanten
- Fisch und Fleisch im Kühlschrank direkt über dem Gemüsefach lagern, denn dort ist es am kältesten. Achten Sie darauf, dass diese empfindlichen Lebensmittel nicht in ihrem eigenen Saft liegen. Am besten aus der Verpackung nehmen, trockentupfen, auf einen Teller legen und mit Folie abdecken.
- Milchprodukte in der Mitte des Kühlschranks und Eier in dessen Tür lagern.

Tiefgefrorene Produkte
- Gekaufte Produkte nur in unbeschädigten Verpackungen einfrieren.
- Gekochte Speisen nur vollständig abgekühlt einfrieren.
- Gefrierschrank regelmäßig abtauen und überprüfen, ob sich Gefrierbrand einstellt.

Trockenprodukte und Dosen
- Mehl, Reis, Nudeln zum Schutz gegen Mehlmotten in fest verschließbare Behälter füllen.
- Alle Trockenprodukte und Dosen kühl, trocken und dunkel lagern.

Öle
- Kühl und dunkel lagern und möglichst schnell verbrauchen.

Kräuter
- Kräuterbunde in Gefrierbeutel geben und fest verschlossen im Gemüsefach des Kühlschranks aufbewahren.
- Kräutertöpfe am besten in Tontöpfe umpflanzen und immer feucht halten. Wer einen Balkon hat, kann diesen im Sommer schön mit Küchenkräutern bepflanzen.
- Petersilie, Dill und Schnittlauch lassen sich fein gehackt in kleinen Portionen einfrieren.

Gewürze
- In dunklen, fest verschließbaren Behältern kühl und trocken aufbewahren. So bleiben Aromen und Farbe erhalten.

CONVENIENCE-PRODUKTE

Frisches Obst und Gemüse, Fleisch oder Fisch sollten an erster Stelle auf dem Speiseplan stehen, trotzdem sind einige **Fertig-** bzw. **Halbfertigprodukte** absolut empfehlenswert. Werden diese Produkte sinnvoll eingesetzt und geschickt ergänzt, spart man eine Menge Zeit und Arbeit.

Tomaten aus der Dose
Dosentomaten sind wahre Allrounder. Sie sind eine gute Alternative in Zeiten, in denen keine aromatischen Tomaten im Handel erhältlich sind. Die Früchte werden in südlichen Ländern reif geerntet, konserviert und enthalten fast vollständig ihre Inhaltsstoffe.

Hülsenfrüchte aus der Dose
Sie sind in **guter Qualität** erhältlich. Das zeitaufwendige Einweichen und Kochen entfällt, und ihre Bekömmlichkeit ist meist besser als bei selbst gekochter Ware, da sie vollständig durchgegart sind.

Obst aus der Dose
Ananas und Mango sind eine Alternative zu unreifen Früchten aus dem Supermarkt. Nachteilig ist, dass Fruchtdosen oft viel Zucker zugesetzt wird.

Tiefkühlgemüse
Blattspinat, Erbsen, Brokkoli, grüne Bohnen und Co. sind vor allem **im Winter eine gute Alternative zu frischem Gemüse.** Waschen, Putzen, Schälen und Schneiden entfällt, die Nährstoffe sind fast vollständig erhalten. Viele Gemüsearten gibt es auch in Bioqualität.

Tiefkühlfisch und Garnelen
Sie sind eine gute Wahl, wenn kein Wochenmarkt oder Fischhändler in der Nähe ist. Wichtig ist es, beim Kauf auf nachhaltige Fischerei zu achten. Kaufen Sie beispielsweise Produkte mit dem **MSC-Siegel** (Marine Stewardship Council). Und tauen Sie die Produkte langsam im Kühlschrank auf, um deren Qualität zu erhalten.

Teigwaren
Pizza- und Blätterteig sparen Zeit und sind ideal, **um spontan etwas Leckeres zu backen.** Pizzateig-Backmischungen gibt es für Allergiker auch aus Dinkelmehl.

Currypasten
Sie eignen sich gut, um eine Kokossuppe oder ein schnelles Curry zu würzen. Man findet sie in Supermärkten, Asialäden und Bioläden **in verschiedenen Schärfegraden.** Prüfen Sie beim Kauf die Inhaltsstoffe: Geschmacksverstärker oder Aromen sollten nicht enthalten sein. Da die Currypasten recht scharf sein können, empfiehlt es sich, sie zunächst gering zu dosieren.

ORDNUNG IST DAS HALBE KOCHEN!

Ist die Küche aufgeräumt und alles steht an Ort und Stelle, macht das Kochen doppelt so viel Spaß. Wer also nur die nötigsten Küchenwerkzeuge bereitlegt, kocht schneller und effektiver.

Diese Küchenausstattung erleichtert das schnelle Kochen:

- 3 Töpfe (verschiedener Größe)
- 2 Pfannen (klein und groß)
- 3 Schüsseln (verschiedener Größe)
- 3 Schneidebretter (getrennt für Obst und Gemüse, Fleisch und Fisch, Zwiebel und Knoblauch)
- 2 Kochlöffel
- 1 Pfannenwender
- 3 scharfe Messer (Schälmesser, großes Kochmesser, Brotmesser)
- 1 Backpinsel
- 1 Dosenöffner
- 1 Küchenwaage
- 1 Küchenwecker
- 1 Küchenzange
- 1 Messbecher
- 1 Muskatreibe
- 1 Reibe
- 1 Nudelholz
- 1 Pfeffermühle
- 1 Schneebesen
- 1 Schöpfkelle
- 1 Sieb
- 1 Sparschäler
- 1 Stabmixer
- 1 Toaster
- 1 Wasserkocher
- 1 Zitronenpresse
- Backpapier, Alufolie, Frischhaltefolie

WIE EIN PROFI ARBEITEN

Ein ganzes Menü in 35 Minuten – können Fernsehköche zaubern? Auf jeden Fall sieht Kochen im Fernsehen rasend schnell aus. Und im Restaurant staunt jeder, dass sogar mehrere Teller auf einmal ruck, zuck aus der Küche kommen. Wie die jeweiligen Köche das schaffen? Das ist alles eine Frage der Organisation! Beachten Sie folgende Ratschläge:

- Tiefgefrorene Produkte zuvor über Nacht im Kühlschrank auftauen lassen.
- Tisch vor dem Kochen decken, dann kommt das Essen heiß auf den Tisch.
- Das Rezept vor dem Kochen aufmerksam lesen.
- Backofen rechtzeitig vorheizen.
- Zutaten abwiegen und griffbereit stellen.
- Küchenwerkzeuge und Müllbehälter übersichtlich aufstellen.

- Kochwasser für Nudeln, Reis, Gemüse oder Brühe im Wasserkocher aufkochen und in einen heißen Topf auf der heißen Kochstelle gießen.
- Salz erst in das kochende Wasser geben, es erhöht sonst den Siedepunkt.
- Große Schneidebretter verwenden, das vereinfacht das Schneiden, und die geschnittenen Zutaten können einfach an den Rand geschoben werden.
- Mit scharfen großen Messern schneiden.
- Große Pfanne und Töpfe verwenden, denn eine größere Oberfläche ermöglicht schnelleres Braten und Kochen.
- Töpfe beim Kochen mit Deckeln abdecken, dann entweicht keine Hitze.
- Nicht zu oft in den Töpfen rühren, dadurch sinkt die Temperatur, und die Garzeit verlängert sich.

GESÜNDER KOCHEN ALS DER LIEFERSERVICE

Grundsätzlich gilt: Zu Hause kochen ist meist gesünder, als beim Lieferservice zu bestellen. Die bestellten Gerichte sind oft in der Mikrowelle aufgewärmte Tiefkühlware, frittiert oder in viel Öl gebraten. Zudem enthalten sie häufig Aromen, Geschmacksverstärker oder andere Zusatzstoffe. Frische, knackige Zutaten sucht man da vergebens. **Wer dagegen selbst kocht, hat es in der Hand, welche Zutaten in den Topf kommen.** Und hat doppelten Spaß, denn wenn das Rezept gut erklärt ist, das Kochen schnell geht und das Ergebnis stimmt, fängt Genießen schon beim Schnippeln, Rühren und Probieren an. Diese Tipps helfen dabei:

- Saisonales Obst und Gemüse kaufen.
- Bioprodukte bevorzugen – auch bei Milchprodukten, Eiern und Fleisch.
- Nicht so häufig Fleisch essen, einmal in der Woche reicht! Und es spart Geld.
- Speisen mit kalt gepressten Ölen zubereiten.
- Nudelgerichte zur Abwechslung mit Dinkel- oder Vollkornnudeln kochen.
- Bei Gerichten, die länger kochen oder im Backofen backen, die Wartezeit für einen schnellen Beilagensalat (siehe Seite 120) nutzen.
- Auf zuckerhaltige Getränke verzichten, am besten Wasser trinken. Zu asiatischen Gerichten schmecken z. B. grüner Tee, Ingwertee oder Jasmintee.

DER WOCHENPLANER

Machen Sie sich einen Plan! So steht nicht jeden Tag die Entscheidung an, welches Gericht auf den Teller kommen soll. Es ist praktisch und sinnvoll, sich am Wochenende oder zu Wochenbeginn Gedanken über das »Was-gibt's-wann?« zu machen. Füllen Sie Ihren Vorratsschrank nach der Liste auf Seite 7 auf, dann ist nur noch ein Großeinkauf pro Woche nötig. In den Einkaufslisten stehen also nur die Sachen, die Sie zusätzlich zum gefüllten Vorratsschrank bzw. Kühlschrank frisch einkaufen müssen, um die Rezeptvorschläge umsetzen zu können.

Wichtig: Kochen Sie die Wochenpläne in den vorgegebenen Reihenfolgen von Montag bis Freitag, denn sie sind nach der Haltbarkeit der Lebensmittel geplant. So verdirbt nichts.

Plan 1

Montag
Blitz-Bolognese – mehr kochen und einfrieren (Rezept Seite 18)

Dienstag
Bulgursalat mit Speckdatteln – Kartoffeln für Mittwoch kochen (Rezept Seite 73)

Mittwoch
Bauernfrühstück (Rezept Seite 101)

Donnerstag
Pilz-Risotto (Rezept Seite 31)

Freitag
Indische Currysuppe (Rezept Seite 48)

Einkaufsliste 1

- 300 g Möhren
- 150 g Knollensellerie
- 200 g rote Paprikaschoten
- 350 g Staudensellerie
- 550 g Kartoffeln
- 200 g Kräuterseitlinge
- 100 g Gewürzgurken
- 4 Frühlingszwiebeln
- 1 Bund glatte Petersilie
- ½ Bund Schnittlauch
- 4 Stängel Thymian
- 3 Stängel Minze
- 8 getrocknete Datteln
- 20 g getrocknete Steinpilze
- 100 g Schlagsahne
- 300 g Naturjoghurt
- 300 g gemischtes Hackfleisch
- 150 g Frühstücksspeck
- 100 ml Rotwein (plus Wein zum Trinken!)

Plan 2	Einkaufsliste 2
Montag	300 g Kirschtomaten
Scaloppine – Italienische Schweine-medaillons (Rezept Seite 32)	1 Zucchini
Dienstag	2 Zweige Rosmarin
Kichererbsencurry (Rezept Seite 54)	5 Stängel Thymian
Mittwoch	1 EL Sesamsaat
Spinat-Ziegenkäse-Taschen (Rezept Seite 95)	150 g Gorgonzola
Donnerstag	100 g Ziegenfrischkäse
Penne mit Zucchini-Gorgonzola-Sauce (Rezept Seite 19)	300 g Schlagsahne
Freitag	320 g Schweinefilet
Fisch à la Bordelaise (Rezept Seite 108)	2 Seelachsfilets (à 170 g, tiefgekühlt)
	1 Rolle Blätterteig (Kühlregal, 275 g)
	Baguette oder Ciabatta
	50 ml Weißwein (plus Wein zum Trinken!)

Einkaufsliste 3

200 g rote Linsen

250 g Zucchini

400 g Kirschtomaten

3–4 rote Paprikaschoten

2 Frühlingszwiebeln

200 g Mango

1 Topf Basilikum

4 Stängel Koriandergrün

4 Stängel Thymian

3 Stängel glatte Petersilie

2–3 TL rote Currypaste

2 EL Salzmandeln

30 g Kapern

125 g Magerquark

1 Kugel Mozzarella (125 g)

200 g Hähnchenbrustfilet

320 g Seelachsfilet (frisch)

Plan 3

Montag

Fruchtiges Hähnchencurry
(Rezept Seite 55)

Dienstag

Spanischer Gemüsefladen
(Rezept Seite 82)

Mittwoch

Fisch Caprese (Rezept Seite 34)

Donnerstag

Orientalische Linsensuppe mit
Mandelmischung (Rezept Seite 87)

Freitag

Spaghettini mit frischen Tomaten
(Rezept Seite 24)

UND AM WOCHENENDE? KREATIV SEIN!

Es ist Freitagabend, Sie haben vergessen, einzukaufen bzw. keine Zeit oder einfach keine Lust, sich in die endlosen Schlangen der Supermarktkassen zu stellen. Da scheint der Lieferservice die einzige Rettung zu sein. Denken Sie! Mit unserem Plan und den Grundzutaten im Haus können Sie ganz einfach schnell etwas Leckeres zaubern. Zum Beispiel:

Plan 4	Einkaufsliste 4
Montag	350 g kleine Strauchtomaten
Souflaki mit Zucchini-Tomaten-Reis – den Reis für den Bratreis eventuell schon mitkochen (Rezept Seite 88)	500 g Lauch
	1 Zucchini
Dienstag	250 g reife Ananas
Curry-Bratreis (Rezept Seite 59)	1 Topf Basilikum
Mittwoch	9 Stängel Thymian
Fleischbällchen-Pasta (Rezept Seite 29)	3 EL süße Chilisauce
	150 g Tofu
Donnerstag	1 Kugel Mozzarella (125 g)
Fladenbrotpizza Napoli (Rezept Seite 43)	130 g mittelalter Gouda
	300 g Schweinefilet
Freitag	1 grobe, ungebrühte Bratwurst (150 g)
Mac'n' Cheese (Rezept Seite 116)	1 rundes Fladenbrot (20 cm ø, zum Aufbacken)

- Nudeln mit Tomatensauce – schmecken immer. Wenn Speck und Kapern nicht im Haus sind, einfach weglassen.
- Spaghetti aglio e olio – der Klassiker. Dafür 1 bis 2 Knoblauchzehen in Scheiben schneiden, in 4 Esslöffel Olivenöl andünsten und mit 200 Gramm gekochten tropfnassen Nudeln, 1 bis 2 Teelöffel getrockneten Chiliflocken und 2 Esslöffel gehackter Petersilie mischen.
- Kartoffelsticks im Backofen – sind leckerer und gesünder als Pommes Frites aus der Fritteuse.
- Sauce Bolognese oder Chili con carne – gleich die doppelte Menge kochen und einen Teil einfrieren.
- Pizza selbst belegt – für ganz Eilige gehört eine Rolle Pizzateig aus dem Kühlregal und etwas Lieblingskäse unbedingt in den Kühlschrank.
- Kokossuppe oder Last-Minute-Gemüsecurry mit Gemüseresten – Kokosmilch und Currypaste sind oft die Rettung, und ihre Kombination ist geschmacklich schlicht unschlagbar.

ITALIENISCH

BLITZ-BOLOGNESE

1. Zwiebel und Knoblauch abziehen. Möhren und Sellerie waschen, putzen und schälen. Alles klein würfeln.

2. Öl in einem weiten Topf oder einer tiefen Pfanne erhitzen und das Hackfleisch darin bei starker Hitze hellbraun anbraten. Salzen und pfeffern. Zwiebel, Knoblauch, Möhren und Sellerie zufügen und bei mittlerer Hitze 4 Minuten braten. Tomatenmark einrühren und kurz mitbraten. Mit Rotwein ablöschen und fast vollständig einkochen lassen. Tomaten und Oregano zufügen. Sauce mit je 1 Prise Salz, Pfeffer und Zucker würzen und 20 Minuten einkochen.

3. Wasser für die Nudeln aufkochen und salzen. 10 Minuten vor Ende der Garzeit der Sauce die Nudeln in das kochende Salzwasser geben und nach Packungsanweisung garen.

4. Petersilie waschen, trockenschütteln, die Blätter abzupfen und hacken. Petersilie unter die Bolognese mischen. Sauce mit Salz, Pfeffer und Zucker abschmecken.

5. Nudeln abgießen und mit der Sauce servieren. Nach Belieben mit Parmesan bestreuen.

Das Bild zum Rezept befindet sich auf Seite 16.

Zutaten für 2 bis 3 Personen

1 Zwiebel
1 Knoblauchzehe
100 g Möhren
150 g Knollensellerie
2 EL Olivenöl
300 g gemischtes
Hackfleisch
Salz
Pfeffer, frisch gemahlen
1 EL Tomatenmark
100 ml Rotwein
1 Dose stückige Tomaten
(400 g Füllmenge)
½–1 TL getrockneter
Oregano
½ TL Zucker
200 g Nudeln (z. B. Fusilli)
4 Stängel glatte Petersilie
geriebener Parmesan nach
Belieben

Zubereitungszeit:
40 Minuten

ALTERNATIVE Für Vegetarier statt des Hackfleisches 350 Gramm Champignons fein würfeln und die Bolognese genauso zubereiten wie beschrieben. Wer keine Lust auf so viel Gemüse-Schnippelei hat, verwendet gewürfeltes tiefgefrorenes Suppengrün.

TIPP Die doppelte Menge kochen, denn am nächsten Tag schmeckt die Sauce besonders lecker. Reste lassen sich einfrieren oder für eine schnelle Lasagne verwenden.

PENNE MIT ZUCCHINI-GORGONZOLA-SAUCE

1. Reichlich Wasser für die Nudeln aufkochen und salzen. Knoblauch abziehen und fein hacken. Zucchini waschen, putzen und in 2 Zentimeter große Stücke schneiden. Thymian waschen, trockenschütteln und die Blättchen abzupfen.

2. Milch und Sahne in einem Topf aufkochen. Gorgonzola unter Rühren in der Milch-Sahne-Mischung schmelzen lassen. Die Sauce 5 Minuten bei schwacher bis mittlerer Hitze kochen und mit Salz, Pfeffer und Zitronensaft würzen. Sauce je nach Belieben mit etwas Saucenbinder binden.

3. Nudeln in das kochende Salzwasser geben und nach Packungsanweisung garen. Gleichzeitig das Öl in einer Pfanne erhitzen und die Zucchini darin bei starker Hitze 3 Minuten braten. Knoblauch und Thymian dazugeben und bei mittlerer Hitze 2 Minuten mitbraten. Zucchini salzen und pfeffern.

4. Nudeln abgießen. Mit Gorgonzolasauce und Zucchinistücken mischen und servieren.

Zutaten für 2 Personen

Salz
1 Knoblauchzehe
180 g Zucchini
5 Stängel Thymian
100 ml Milch
150 g Schlagsahne
70 g cremiger Gorgonzola
Pfeffer, frisch gemahlen
1–2 TL Zitronensaft, frisch gepresst
ca. 1 TL heller Saucenbinder nach Bedarf
200 g Penne
1 EL Olivenöl

Zubereitungszeit:
25 Minuten

TIPP Für mehr Frische zum Schluss 30 Gramm geputzte und gewaschene Rauke unterheben. Rauke wird auch unter ihrem italienischen Namen Rucola gehandelt.

ALTERNATIVE Zucchini durch Kürbis, Brokkoli oder grünen Spargel ersetzen. Oder 100 Gramm in Streifen geschnittenen Kochschinken untermischen.

NOCH SCHNELLER Nur die Gorgonzolasauce zubereiten und mit 250 Gramm gekochten Tortellini (Kühlregal, z. B. Spinat-Ricotta) servieren.

PILZ-GNOCCHI

1. Reichlich Wasser für die Gnocchi aufkochen und salzen. Champignons putzen und je nach Größe halbieren oder vierteln. Zwiebel abziehen, halbieren und in feine Streifen schneiden. Zitrone waschen, trockentupfen und 1 Teelöffel Schale fein abreiben.

2. Gnocchi in das kochende Salzwasser geben und nach Packungsanweisung garen. Abgießen und gut abtropfen lassen.

3. Öl in einer beschichteten Pfanne erhitzen und die Pilze darin bei starker Hitze 3 Minuten braten. Zwiebel und Salbei dazugeben und bei mittlerer Hitze 3 Minuten mitbraten. Pilzmischung salzen und pfeffern und aus der Pfanne nehmen.

4. Butter in der Pfanne schmelzen und die Gnocchi darin rundherum ca. 5 Minuten goldbraun braten. Pilzmischung untermischen und mit Salz und Pfeffer würzen. Ricotta mit Zitronenschale verrühren und auf den Pilz-Gnocchi verteilen.

Zutaten für 2 Personen

Salz
200 g braune Champignons
1 Zwiebel
1 Biozitrone
400 g Gnocchi (Kühlregal)
6 Salbeiblätter
1 EL Olivenöl
Pfeffer, frisch gemahlen
1 EL Butter
80 g Ricotta

Zubereitungszeit:
20 Minuten

ALTERNATIVE Wer kein Salbei mag, nimmt die abgezupften Blättchen von 4 Stängeln Thymian oder Majoran. Statt mit Zitronen-Ricotta kann das Gericht mit geriebenem Parmesan serviert werden.

TIPP Für schnelle überbackene Pilz-Gnocchi einfach alles in eine gut gefettete Auflaufform geben, mit 50 Gramm geriebenem Bergkäse bestreuen und im heißen Backofen bei 220 °C (Umluft nicht empfehlenswert, Gas Stufe 4–5) im oberen Backofendrittel goldbraun überbacken.

SPECK-KAPERN-PASTA

1. Reichlich Wasser für die Nudeln aufkochen und salzen. Den Speck in kleine Würfel schneiden. Knoblauch abziehen und fein hacken. Rosmarin waschen, trockenschütteln, die Nadeln von dem Zweig streifen und hacken. Kapern abtropfen lassen.

2. Öl in einer tiefen Pfanne erhitzen und den Speck darin bei mittlerer bis starker Hitze 5 Minuten braten. Knoblauch und Rosmarin dazugeben und bei mittlerer Hitze 2 Minuten mitbraten. Tomatenmark und Zucker einrühren und kurz mitrösten. Tomaten zufügen und aufkochen. Sauce 7 Minuten einkochen.

3. In der Zwischenzeit die Nudeln in das kochende Salzwasser geben und nach Packungsanweisung garen.

4. Kapern in die Tomaten-Speck-Sauce geben und 3 Minuten mitkochen. Sauce mit Salz und Pfeffer würzen. Nudeln abgießen und tropfnass in der Pfanne mit der Speck-Kapern-Sauce mischen.

Zutaten für 2 Personen

Salz
80 g durchwachsener Speck
1 Knoblauchzehe
1 Zweig Rosmarin
35 g Kapern
1 EL Olivenöl
2 TL Tomatenmark
½ TL Zucker
1 Dose stückige Tomaten
(400 g Füllmenge)
200 g Linguine
Pfeffer, frisch gemahlen

Zubereitungszeit:
20 Minuten

NOCH SCHNELLER 2 ganze, abgezogene Knoblauchzehen und 2 Zweige Rosmarin mitgaren und vor dem Servieren entfernen.

TIPP Schmeckt lecker mit geraspeltem Pecorino, Manchego oder Parmesan. Für mehr Schärfe eine kleine rote Chilischote mitgaren.

SPAGHETTINI MIT FRISCHEN TOMATEN

1. Reichlich Wasser für die Nudeln aufkochen und salzen. Knoblauch abziehen und fein hacken. Tomaten waschen, Stielansätze entfernen und das Fruchtfleisch in 1 Zentimeter große Würfel schneiden. Basilikum waschen, trockenschütteln und die Blätter grob schneiden. Parmesan mit einem Sparschäler in dünne Späne schneiden.

2. Öl in einem weiten Topf oder einer Pfanne erhitzen und den Knoblauch darin bei mittlerer Hitze 1 Minute dünsten. Tomatenmark und Zucker einrühren und 1 Minute mitdünsten.

3. Nudeln in das kochende Salzwasser geben und nach Packungsanweisung garen. Gleichzeitig die Tomatenwürfel zu der Knoblauchmischung geben, aufkochen und 3 Minuten bei schwacher Hitze kochen. Mit Salz und Chiliflocken würzen.

4. Nudeln abgießen und unter die Tomatenmischung heben. Mit Basilikum und Parmesan bestreuen und servieren.

Zutaten für 2 Personen

Salz
1 große Knoblauchzehe
200 g aromatische Tomaten
4 Stängel Basilikum
40 g Parmesan
3 EL Olivenöl
1 TL Tomatenmark
½ TL Zucker
200–250 g Spaghettini
getrocknete Chiliflocken

Zubereitungszeit:
20 Minuten

ZUSÄTZLICH Die Pasta mit 125 Gramm gewürfeltem Mozzarella und/oder 2 Esslöffel gerösteten Pinienkernen aufpeppen.

TIPP Wer keine aromatischen Tomaten bekommt, nimmt am besten Kirschtomaten. Diese schmecken meist sehr intensiv und müssen für dieses Rezept geviertelt werden. Frische, junge Knoblauchzehen verwenden, denn diese haben einen besonders milden Geschmack.

MEERESFRÜCHTE-PASTA

1. Meeresfrüchte nach Packungsanweisung auftauen lassen. Reichlich Wasser für die Nudeln aufkochen und salzen. Knoblauch abziehen und in feine Scheiben schneiden. Frühlingszwiebeln waschen, putzen und das Weiße und Hellgrüne in feine Ringe schneiden. Chilischote längs halbieren, entkernen und fein schneiden.

2. Meeresfrüchte mit Küchenpapier trockentupfen. 1 Esslöffel Öl in einer beschichteten Pfanne erhitzen und die Meeresfrüchte darin bei starker Hitze 2 Minuten anbraten. Herausnehmen.

3. Pfanne mit Küchenpapier ausreiben. 3 Esslöffel Öl in der Pfanne erhitzen und Knoblauch, Frühlingszwiebeln und Chili darin bei mittlerer Hitze 2 Minuten braten. Tomatenmark einrühren und kurz mitrösten. Pfanne beiseite stellen.

4. Nudeln in das kochende Wasser geben und nach Packungsanweisung garen. Petersilie waschen, trockenschütteln, die Blätter von den Stängeln zupfen und hacken.

5. Nudeln abgießen und dabei 150 Milliliter Nudelwasser auffangen. Nudelwasser und Meeresfrüchte in die Pfanne geben und einmal kurz aufkochen. Mit Salz und Zitronensaft würzen. Nudeln und Petersilie untermischen und servieren.

Zutaten für 2 Personen

250 g tiefgefrorene
Meeresfrüchte
Salz
1 Knoblauchzehe
2 Frühlingszwiebeln
1 rote Chilischote
4 EL Olivenöl
2 TL Tomatenmark
200 g Spaghetti
4 Stängel glatte Petersilie
1–2 TL Zitronensaft, frisch
gepresst

Zubereitungszeit:
25 Minuten

ALTERNATIVE Anstelle der Meeresfrüchte können 10 bis 12 geschälte, küchenfertige Garnelen gebraten werden.

SPAGHETTI CARBONARA KLASSISCH

1. Reichlich Wasser für die Nudeln aufkochen und salzen. Speck in ½ Zentimeter breite Streifen schneiden. Parmesan fein reiben. In einer Schüssel Eier, Sahne und die Hälfte des Parmesans verquirlen.

2. Nudeln in das kochende Salzwasser geben und nach Packungsanweisung garen. Gleichzeitig den Speck in einer beschichteten Pfanne bei mittlerer bis starker Hitze 5 Minuten knusprig braten.

3. Nudeln abgießen und in der heißen Pfanne mit dem Speck mischen. Pfanne von der Kochstelle ziehen. Eiersahne zugießen und mit der Speck-Nudel-Mischung mischen. Mit Salz und Pfeffer würzen. Mit dem restlichen Parmesan bestreuen und servieren.

Zutaten für 2 Personen

Salz
100 g durchwachsener Speck
40 g Parmesan
3 Eier
100 g Schlagsahne
Pfeffer, frisch gemahlen
200 g Spaghetti

Zubereitungszeit:
15 Minuten

ZUSÄTZLICH Für Gemüsefreunde 200 Gramm grünen, in 1 Zentimeter lange Stücke geschnittenen Spargel oder 150 Gramm tiefgefrorene Erbsen im Nudelwasser 2 bis 3 Minuten mitgaren.

TIPP Zu Spaghetti Carbonara schmeckt besonders lecker ein frischer Tomatensalat mit Schnittlauch. Das Rezept dazu befindet sich auf Seite 97.

BAVETTE MIT RAUKEPESTO

1. Reichlich Wasser für die Nudeln aufkochen und salzen.
Pinienkerne in einer Pfanne ohne Fett hellbraun rösten,
herausnehmen und grob hacken. Knoblauch abziehen und
fein hacken. Rauke verlesen, waschen, trockenschleudern
und fein schneiden. Parmesan fein reiben.

2. Nudeln in das kochende Salzwasser geben und nach
Packungsanweisung garen.

3. In der Zwischenzeit Pinienkerne, Knoblauch, Rauke, die
Hälfte des Parmesans und Öl in einer Schüssel mischen.
Mit Zitronensaft, Salz und Pfeffer würzen.

4. Nudeln abgießen und tropfnass mit dem Pesto mischen.
Mit dem restlichen Parmesan bestreuen und servieren.

Zutaten für 2 Personen

Salz
20 g Pinienkerne
1 Knoblauchzehe
1 Bund Rauke (Rucola,
ca. 40 g)
40 g Parmesan
200 g Linguini (flache
Spaghetti)
4–5 EL Olivenöl
1–2 TL Zitronensaft, frisch
gepresst
Pfeffer, frisch gemahlen

Zubereitungszeit:
20 Minuten

TIPP Der Pesto kann auch klassisch mit Basilikum oder von März bis Mai mit frischem
Bärlauch zubereitet werden. Schmeckt sehr gut mit Vollkorn- oder Dinkelnudeln.

ZUSÄTZLICH 150 Gramm gegrillte, abgetropfte Paprika aus dem Glas in Streifen
schneiden und untermischen. Schmeckt auch gut als kalter Nudelsalat.

PREISWERTER Statt der Pinienkerne gehackte Mandeln verwenden.

FLEISCHBÄLLCHEN-PASTA

1. Reichlich Wasser für die Nudeln aufkochen und salzen. Zwiebel abziehen und fein würfeln. Das Brät aus der Bratwurst mit feuchten Händen zu kleinen Bällchen formen.

2. In einer beschichteten Pfanne 1 Esslöffel Öl erhitzen und die Fleischbällchen darin rundherum 5 Minuten anbraten. Herausnehmen. Erneut 1 Esslöffel Öl in die Pfanne geben und die Zwiebel darin bei mittlerer Hitze glasig dünsten. Tomaten zugießen, aufkochen und 5 Minuten kochen.

3. In der Zwischenzeit Nudeln in das kochende Salzwasser geben und nach Packungsanweisung garen.

4. Bohnen in ein Sieb geben und mit kaltem Wasser abspülen. Bohnen und Fleischbällchen in die Tomatensauce geben und 3 Minuten mitkochen. Mit Salz, Pfeffer und Zucker würzen.

5. Basilikum waschen, trockenschütteln, die Blätter von den Stielen zupfen und fein schneiden. Nudeln abgießen und mit der Fleischbällchen-Sauce mischen. Mit Basilikum bestreuen und servieren.

Zutaten für 2 Personen

Salz
1 Zwiebel
1 grobe, ungebrühte
Bratwurst (ca. 150 g)
2 EL Olivenöl
1 Dose stückige Tomaten
(400 g Füllmenge)
1 Dose kleine weiße Bohnen
(250 g Abtropfgewicht)
200 g Muschelnudeln
(ersatzweise Rigatoni)
Pfeffer, frisch gemahlen
½ TL Zucker
4 Stängel Basilikum

Zubereitungszeit:
30 Minuten

TIPP Wer einen italienischen Lebensmittelladen in der Nähe hat, kann dieses Rezept mit original italienischer Salsiccia probieren, denn diese Wurst ist mit Fenchelsaat gewürzt. Oder 1 Teelöffel Fenchelsaat grob hacken und unter das Bratwurstbrät mischen.

GRUNDREZEPT RISOTTO

1. Brühe aufkochen und bei schwacher Hitze warm halten. Zwiebel und Knoblauch abziehen und fein würfeln.

2. In einem Topf 1 Esslöffel Öl erhitzen und Zwiebel und Knoblauch darin 2 Minuten dünsten. Reis zufügen und unter Rühren kurz mitdünsten. Mit Wein ablöschen und unter Rühren fast vollständig einkochen lassen. Eine Kelle heiße Brühe in den Topf gießen und bei mittlerer Hitze unter gelegentlichem Rühren einkochen, bis der Reis die Flüssigkeit aufgenommen hat. Diesen Vorgang mit der restlichen Brühe wiederholen, sodass der Risotto 20 Minuten kocht. Die Reiskörner sollten noch einen leichten Biss haben.

3. Parmesan und Butter unter den Risotto mischen. Mit Salz und Pfeffer würzen. Risotto lässt sich vielseitig bereichern, siehe die Varianten auf der rechten Seite.

Zutaten für 2 Personen

500–600 ml Gemüsebrühe
1 Zwiebel
1 Knoblauchzehe
2 EL Olivenöl
150 g Risottoreis
50 ml Weißwein
40 g Parmesan, frisch gerieben
1 EL Butter
Salz
Pfeffer, frisch gemahlen

Zubereitungszeit:
30 Minuten

RADICCHIO-RISOTTO Zubereitungszeit: 40 Minuten

Risotto wie im Grundrezept links zubereiten. Gleichzeitig **200 g Radicchio** putzen, mit warmem Wasser waschen (dann ist er nicht so bitter!), etwas trockenschleudern und in 2 cm breite Streifen schneiden. **1 EL Olivenöl** in einer Pfanne erhitzen und den Radicchio darin 3 Minuten braten. Mit **Salz, Pfeffer, 1 Prise Zucker** und **2 TL Zitronensaft** würzen. **50 g Gorgonzola** würfeln. Radicchio, Gorgonzola und **2 EL glatte, gehackte Petersilie** unter den Risotto mischen.

KÜRBIS-RISOTTO Zubereitungszeit: 40 Minuten

Risotto wie im Grundrezept links zubereiten. Gleichzeitig **400 g Hokkaido-Kürbis** putzen, halbieren, entkernen und mit Schale in 1 Zentimeter große Würfel schneiden. Die Hälfte des Kürbisses nach 10 Minuten in den Risotto geben und mitgaren. **1 EL Olivenöl** in einer Pfanne erhitzen und den restlichen Kürbis darin 5 bis 7 Minuten braten. Mit **Salz, Pfeffer, 1 Prise Zucker** und **1 TL Zitronensaft** würzen. **3 Stängel Oregano** waschen, trockenschütteln und die Blätter abzupfen. Oregano in der Pfanne mit dem Kürbis mischen. Risotto mit den gebratenen Kürbiswürfeln bestreuen.

TOMATEN-BASILIKUM-RISOTTO Zubereitungszeit: 40 Minuten

Risotto wie im Grundrezept zubereiten und dabei mit der Zwiebel und dem Knoblauch **1 TL Tomatenmark** mitdünsten. Gleichzeitig **250 g Kirschtomaten** vierteln. **1 Kugel Mozzarella (125 g)** würfeln. **3 Stängel Basilikum** waschen, trockenschütteln, die Blätter von den Stängeln streifen und fein schneiden. Tomaten und die Hälfte des Basilikums 5 Minuten vor Ende der Garzeit unter den Risotto mischen und mitgaren. Mozzarella und das restliche Basilikum untermischen.

PILZ-RISOTTO Zubereitungszeit: 40 Minuten

20 g getrocknete Steinpilze in **100 ml kochendem Wasser** 10 Minuten einweichen. **4 Stängel Thymian** waschen und die Blättchen von den Stängeln zupfen. **200 g Kräuterseitlinge** (ersatzweise Champignons) putzen und je nach Größe halbieren oder vierteln. Eingeweichte Steinpilze in ein Sieb geben, das Einweichwasser auffangen, die Pilze ausdrücken und hacken. Risotto wie im Grundrezept links zubereiten und die Pilze mit Zwiebel und Knoblauch mitdünsten. Pilzeinweichwasser mit dem Wein dazugeben. Reis in 20 Minuten bissfest kochen. **1 EL Olivenöl** in einer beschichteten Pfanne erhitzen und Kräuterseitlinge und Thymian darin bei starker Hitze 5 Minuten braten. Salzen, pfeffern und unter den Risotto mischen.

TIPP **Alle Risotti wie im Grundrezept mit Parmesan, Butter, Salz und Pfeffer vollenden. Wer mag, reicht zum Pilz-Risotto eine Petersilien-Gremolata. Dafür 3 Esslöffel gehackte, glatte Petersilie mit 1 gehackten Knoblauchzehe, 1 Teelöffel getrockneten Chiliflocken und 1 Teelöffel abgeriebener Schale von Biozitronen mischen.**

SCALOPPINE

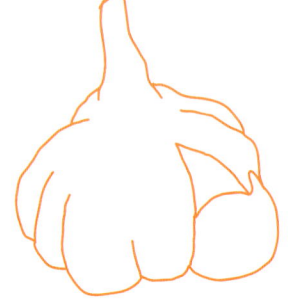

1. Den Backofen auf 180 °C (Umluft 180 °C, Gas Stufe 2–3) vorheizen. Schweinefilet waschen, trockentupfen, in 6 gleich dicke Medaillons schneiden und leicht flach drücken. Knoblauch abziehen und die Zehen halbieren. Rosmarin waschen und trockenschütteln. Tomaten waschen und halbieren. Gorgonzola in 6 Stücke schneiden.

2. Schweinemedaillons mit Salz und Pfeffer würzen. 1½ Esslöffel Öl in einer beschichteten Pfanne erhitzen und die Medaillons darin bei mittlerer bis starker Hitze rundherum braun anbraten. Herausnehmen, auf einem ofenfesten Teller verteilen und mit je 1 Stück Gorgonzola belegen. Fleisch im Backofen auf der mittleren Schiene 8 bis 10 Minuten garen.

3. In der Zwischenzeit 2 Esslöffel Öl im Bratfett in der Pfanne erhitzen und Knoblauch und Rosmarin darin bei mittlerer Hitze 2 Minuten braten. Tomaten dazugeben und 3 Minuten mitbraten. Mit Salz, Pfeffer und Zucker würzen. 50 Milliliter Wasser zugießen und aufkochen. Knoblauch und Rosmarin entfernen. Medaillons aus dem Backofen nehmen und mit den Tomaten servieren.

Zutaten für 2 Personen

320 g Schweinefilet
2 Knoblauchzehen
2 Zweige Rosmarin
300 g Kirschtomaten
80 g Gorgonzola
Salz
Pfeffer, frisch gemahlen
3 EL Olivenöl
1 Prise Zucker

Zubereitungszeit:
25 Minuten

Das Bild zum Rezept befindet sich auf Seite 17.

ALTERNATIVE
Gorgonzola weglassen und das Fleisch stattdessen mit je 1 Salbeiblatt belegen und mit je 1 Scheibe Parmaschinken umwickeln.

POLENTA
Polenta als Beilage dazu reichen. Dafür 200 Milliliter Milch mit 200 Milliliter Wasser, 1 angedrückten Knoblauchzehe und Salz aufkochen. 60 Gramm Polenta (Maisgrieß) einrühren und aufkochen. Bei schwächster Hitze 15 bis 20 Minuten quellen lassen. Knoblauch entfernen. Je nach Belieben 2 Esslöffel geriebenen Parmesan, 2 Esslöffel Mascarpone oder 30 Gramm Gorgonzola unterrühren. Polenta mit Salz und Pfeffer würzen.

DORADENFILETS MIT FENCHELSALAT

1. Den Backofen auf 220 °C (Umluft 200 °C, Gas Stufe 4–5) vorheizen. Brot in dünne Scheiben schneiden, auf einen Rost legen und im heißen Backofen auf der mittleren Schiene 2 bis 3 Minuten hellbraun rösten.

2. Zitronensaft mit 3 Esslöffel Wasser, Salz, Pfeffer und Zucker verrühren. 4 Esslöffel Öl nach und nach unterrühren.

3. Fenchel waschen, putzen und das zarte Grün beiseitelegen. Fenchel längs halbieren, den Strunk keilförmig heraus- schneiden und die Knolle fein hobeln. Römersalat putzen, waschen, trockenschleudern und die Salatblätter in 2 Zen- timeter breite Streifen schneiden. Geröstetes Brot, Fenchel und Römersalat mit dem Zitronendressing mischen und kurz ziehen lassen.

4. Von den Fischfilets die dünnen Bauchlappen abschneiden. Fischhaut mit einem scharfen Messer mehrmals schräg ein- schneiden, ohne das Fischfleisch zu verletzen. Fischfilets mit Salz und Pfeffer würzen. 2 Esslöffel Öl in einer beschichteten Pfanne erhitzen und die Fischfilets zuerst auf der Hautseite bei starker Hitze 2 Minuten braten. Vorsichtig wenden und bei mittlerer Hitze auf der Fleischseite 2 Minuten braten.

5. Den Salat mit Salz, Pfeffer und 1 Prise Zucker abschmecken. Salat mit Doradenfilets anrichten, mit Fenchelgrün bestreu- en und servieren.

Zutaten für 2 Personen

50 g Ciabatta (ersatzweise Baguette oder Weizen- brötchen)
3 EL Zitronensaft, frisch gepresst
Salz
Pfeffer, frisch gemahlen
½ TL Zucker
6 EL Olivenöl
250 g Fenchelknolle (mit Grün)
200 g Römersalatherzen
4 Doradenfilets (küchen- fertig, mit Haut, à ca. 80 g)

Zubereitungszeit:
30 Minuten

TIPP Wenn sich die Doradenfilets in der Pfanne beim Braten wölben, vorsichtig mit einem Pfannenwender herunterdrücken.

ALTERNATIVE Anstelle der Doradenfilets Lachs, Garnelen oder Lammkoteletts bra- ten. Der Salat ist auch eine frische, knackige Beilage in der Grillsaison.

FISCH CAPRESE

1. Den Backofen auf 200 °C (Umluft 180 °C, Gas Stufe 3–4) vorheizen. Tomaten waschen und halbieren. Mozzarella in grobe Stücke zupfen. Knoblauch abziehen, durch eine Knoblauchpresse drücken und in einer Schüssel mit Öl und getrocknetem Basilikum mischen. Fischfilet waschen, trockentupfen und in 4 gleich große Stücke schneiden.

2. Eine Auflaufform (ca. 25 x 20 Zentimeter) mit 1 Esslöffel des Würzöls fetten. Fischstücke von beiden Seiten mit Salz und Pfeffer würzen und in die Form legen. Tomaten und Mozzarella auf und um die Fischstücke verteilen. Mit etwas Salz und Pfeffer würzen. Das restliche Würzöl darüber träufeln.

3. Fisch im heißen Backofen auf der mittleren Schiene 15 bis 20 Minuten garen.

4. In der Zwischenzeit Basilikum waschen, trockenschütteln und die Blätter von den Stängeln zupfen. Fisch Caprese mit Basilikum bestreuen und servieren.

Zutaten für 2 Personen

200 g Kirschtomaten
1 Kugel Mozzarella (125 g)
1 Knoblauchzehe
3 EL Olivenöl
½ TL getrocknetes Basilikum
320 g Seelachsfilet (küchenfertig, ohne Haut)
Salz
Pfeffer, frisch gemahlen
3 Stängel Basilikum

Zubereitungszeit:
30 Minuten

TIPP Als Beilage passt Baguette dazu.

TIPP In gut sortierten Supermärkten gibt es häufig bunte Kirschtomaten. Dieses Rezept sieht mit ihnen besonders schön aus – das begeistert auch Gäste!

ZUSÄTZLICH 1 Esslöffel abgetropfte Kapern über den Fisch streuen und mitgaren.

STEAK ALLA PIZZAIOLA

1. Den Backofengrill vorheizen. Knoblauch abziehen und fein hacken. Steaks rundherum mit Salz und Pfeffer würzen. 2 Esslöffel Öl in einer großen Pfanne erhitzen und die Steaks darin bei starker Hitze auf jeder Seite 1 Minute anbraten. Fleisch aus der Pfanne nehmen.

2. Knoblauch in die Pfanne geben und unter Rühren kurz braten. Tomaten dazugeben, aufkochen und bei mittlerer Hitze 5 Minuten kochen. In der Zwischenzeit die Oliven grob schneiden. Oregano waschen, trockenschütteln und die Blättchen von den Stängeln zupfen. Parmesan fein reiben.

3. Oliven und Oregano in die Tomatensauce geben. Mit Salz, Pfeffer und Zucker würzen. Tomatensauce und Steaks in eine Auflaufform geben und mit 2 Esslöffel Öl beträufeln. Parmesan darüber streuen. Steaks unter dem heißen Backofengrill im oberen Backofendrittel ca. 3 Minuten überbacken, bis der Parmesan geschmolzen ist. Mit Ciabatta sofort servieren.

Zutaten für 2 Personen

1 Knoblauchzehe
4 dünne Scheiben
Rumpsteak (à 80 g)
Salz
Pfeffer, frisch gemahlen
4 EL Olivenöl
1 Dose stückige Tomaten
(400 g Füllmenge)
40 g schwarze Oliven
(ohne Stein)
4 Stängel Oregano (ersatzweise 1 TL getrockneter
Oregano)
40 g Parmesan
1 Prise Zucker
6 Scheiben Ciabatta-Brot

Zubereitungszeit:
25 Minuten

ALTERNATIVE Vegetarier braten statt der Steaks 400 Gramm Auberginenscheiben. Diese zuvor salzen und nebeneinander auf einen Teller legen. 10 Minuten ziehen lassen, trockentupfen und auf jeder Seite 2 bis 3 Minuten braten. Anschließend wie die gebratenen Steaks zubereiten.

GRUNDREZEPT PIZZA KLASSISCH

1. Ein Backblech in den Backofen schieben. Den Backofen auf 240 °C (Umluft nicht zu empfehlen, Gas Stufe 5–6) vorheizen.

2. Für die Tomatensauce die Tomaten in ein hohes, schmales Gefäß geben und mit einem Stabmixer kurz pürieren. Mit Oregano, Öl, Salz, Pfeffer und Zucker würzen.

3. Mozzarella gut abtropfen lassen, halbieren und in dünne Scheiben schneiden.

4. Pizzateig mit dem Backpapier auf einer Arbeitsfläche ausrollen. Mit Tomatensauce bestreichen. Mit Mozzarella belegen.

5. Das heiße Backblech aus dem Backofen nehmen. Pizza mithilfe des Backpapiers sofort auf das heiße Backblech ziehen. Pizza im unteren Drittel ca. 20 Minuten backen.

ALTERNATIVE **Die Pizza kann nach eigenen Wünschen und Vorlieben mit weiteren Zutaten belegt werden, siehe die Beispiele auf der rechten Seite.**

Grundrezept
Zutaten für 2 Personen

200 g stückige Tomaten (Dose)
1 TL getrockneter Oregano
1 EL Olivenöl
Salz
Pfeffer, frisch gemahlen
1 Prise Zucker
1 Kugel Mozzarella (125 g)
1 Rolle Pizzateig (Kühlregal)

Zubereitungszeit:
30 Minuten

PIZZA FUNGHI Zubereitungszeit: 35 Minuten

50 g mittelalten Gouda raspeln. 200 g Champignons putzen und in dünne Scheiben schneiden. 1 Zwiebel abziehen, halbieren und in feine Streifen schneiden. Das Grundrezept für Pizza (siehe linke Seite) bis Step 4 zubereiten. Dann die Pizza mit Gouda bestreuen und mit Pilzen und Zwiebeln belegen. Wie im Grundrezept backen und sofort servieren.

PIZZA SALAMI Zubereitungszeit: 35 Minuten

50 g mittelalten Gouda raspeln. 1 Zwiebel abziehen, halbieren und in feine Streifen schneiden. Das Grundrezept für Pizza (siehe linke Seite) bis Step 4 zubereiten. Dann die Pizza mit Gouda bestreuen und mit Zwiebeln, 80 g Salami (in Scheiben) und 40 g schwarzen Oliven (ohne Stein) belegen. Wie im Grundrezept backen und sofort servieren.

PIZZA HAWAII Zubereitungszeit: 35 Minuten

50 g mittelalten Gouda raspeln. 150 g Ananasstücke (Dose) in ein Sieb geben und abtropfen lassen. 80 g gekochten Schinken (in Scheiben) in 3 Zentimeter große Stücke schneiden. Das Grundrezept für Pizza (siehe links) bis Step 4 zubereiten. Dann die Pizza mit Gouda bestreuen und mit Ananas und Schinken belegen. Wie im Grundrezept backen und sofort servieren.

TIPP Zusätzliche Pizzabeläge können auch folgende Zutaten sein: Artischocken, Blattspinat, Kapern, Peperoni, gegrillte Paprika (Glas), Sardellenfilets, Thunfisch (auf das MSC-Siegel für nachhaltigen Fischfang achten!), Gorgonzola und Ziegenkäse.

PIZZATEIG

Für selbst gemachten Pizzateig 250 Gramm Mehl mit ½ Teelöffel Salz in einer Schüssel mischen. 20 Gramm zerbröselte frische Hefe und 1 Prise Zucker in 150 Millilitern lauwarmem Wasser durch Rühren auflösen. Hefemischung und 1 Esslöffel Olivenöl zu dem Mehl geben. Erst mit den Knethaken eines Handrührgerätes, dann mit den Händen zu einem glatten Teig verkneten. Zugedeckt 30 Minuten an einem warmen Ort gehen lassen. Teig vor der Weiterverarbeitung kurz durchkneten.

BIRNE-GORGONZOLA-PIZZA

1. Den Backofen auf 240 °C (Umluft nicht empfehlenswert, Gas Stufe 5–6) vorheizen. Ein Backblech in den Backofen schieben. Pizzateig nach Packungsanweisung zubereiten.

2. Mozzarella gut abtropfen lassen, halbieren und in dünne Scheiben schneiden. Gorgonzola in 1 Zentimeter große Stücke schneiden. Rosmarin waschen, trockenschütteln und die Nadeln von den Zweigen streifen. Birne waschen, vierteln und entkernen. Birnenviertel längs in dünne Scheiben schneiden. Mit Zitronensaft mischen.

3. Teig auf einer bemehlten Arbeitsfläche zu einem dünnen Teigfladen (ca. 35 x 25 Zentimeter) ausrollen und auf Backpapier legen. Mozzarella und Gorgonzola auf dem Teig verteilen. Mit Birnenscheiben belegen. Rosmarin darüber streuen, mit Salz und Pfeffer würzen und mit Öl beträufeln.

4. Das heiße Backblech aus dem Backofen nehmen. Pizza mithilfe des Backpapiers sofort auf das heiße Backblech ziehen. Pizza im heißen Backofen im unteren Drittel ca. 20 Minuten backen. Sofort servieren.

Zutaten für 2 Personen

½ Packung Backmischung Pizzateig (240 g)
1 Kugel Mozzarella (125 g)
70 g cremiger Gorgonzola
2 Zweige Rosmarin
1 große mittelreife Birne
2 TL Zitronensaft, frisch gepresst
Salz
Pfeffer, frisch gemahlen
1 EL Olivenöl

Zubereitungszeit:
40 Minuten

ZUSÄTZLICH Die Blätter von 1 kleinen, gewaschenen Radicchio in Streifen schneiden und mit 1 Esslöffel frisch gepresstem Zitronensaft, 2 Esslöffel Olivenöl, Salz und Pfeffer mischen. Birne-Gorgonzola-Pizza nach dem Backen mit dem Radicchio-Salat bestreuen und sofort servieren.

TIPP Die Birne-Gorgonzola-Pizza kann auch mit fertigem Pizzateig aus dem Kühlregal zubereitet werden. Oder mit dem selbst gemachten Pizzateig von Seite 39.

ZUCCHINIPIZZA

1. Den Backofen auf 220 °C (Umluft nicht empfehlenswert, Gas Stufe 4–5) vorheizen. Ein Backblech mit Backpapier belegen. Pizzateig nach Packungsanweisung zubereiten.

2. Knoblauch abziehen und durch eine Knoblauchpresse drücken. Zwiebeln abziehen und in feine Ringe schneiden oder hobeln. Zucchini waschen, putzen und in feine Scheiben schneiden oder hobeln. Thymian waschen, trockenschütteln und die Blättchen von den Stängeln streifen. Käse raspeln.

3. Butter und Öl in einem Topf erhitzen und Knoblauch und Thymian darin bei mittlerer Hitze 2 Minuten dünsten. Mit Salz und Pfeffer würzen. Zucchini und Zwiebeln in einer Schüssel mit der Thymian-Butter-Mischung vermengen.

4. Teig auf einer bemehlten Arbeitsfläche zu einem ½ Zentimeter dicken Fladen ausrollen. Teigfladen auf das Backblech legen. Mit der Hälfte des Käses bestreuen. Zucchinimischung auf dem Teig verteilen und mit dem restlichen Käse bestreuen. Im heißen Backofen auf der mittleren Schiene ca. 20 Minuten backen und sofort servieren.

Zutaten für 2 Personen

½ Packung Backmischung Pizzateig (240 g)
1 Knoblauchzehe
2 rote Zwiebeln
200 g Zucchini
4 Stängel Thymian (ersatzweise 2 TL getrockneter Thymian)
50 g Bergkäse
2 EL Butter
3 EL Olivenöl

Zubereitungszeit:
40 Minuten

NOCH SCHNELLER Statt Knoblauch, Thymian, Butter und Olivenöl einfach 50 Gramm Kräuterbutter aus dem Kühlregal schmelzen und mit Zucchini und Zwiebeln mischen. Dann die Zucchinipizza wie beschrieben zubereiten.

TIPP Die Zucchinipizza kann auch mit fertigem Pizzateig aus dem Kühlregal zubereitet werden. Oder mit dem selbst gemachten Pizzateig von Seite 39.

FLADENBROTPIZZA NAPOLI

1. Den Backofen auf 220 °C (Umluft nicht empfehlenswert, Gas Stufe 4–5) vorheizen. Ein Backblech mit Backpapier belegen.

2. Knoblauch abziehen und in eine Schüssel pressen. Mit Oregano, Tomatenmark und 3 Esslöffel Öl verrühren. Mit Salz und Pfeffer würzen. Tomaten waschen, Stielansätze entfernen und das Fruchtfleisch in Scheiben schneiden. Mozzarella gut abtropfen lassen, halbieren und in dünne Scheiben schneiden.

3. Fladenbrot mit einem großen Sägemesser waagerecht halbieren. Brothälften mit den Schnittflächen nach oben auf das Backblech legen. Brote mit dem Tomatenöl einstreichen. Mit Tomaten- und Mozzarellascheiben belegen und mit 2 Esslöffel Öl beträufeln.

4. Im heißen Backofen auf der mittleren Schiene 15 Minuten backen. In der Zwischenzeit Basilikum waschen, trockenschütteln und die Blätter von den Stängeln zupfen.

5. Fladenbrotpizza aus dem Backofen nehmen. Salzen, pfeffern, mit Basilikum bestreuen und sofort servieren.

Zutaten für 2 Personen

1 Knoblauchzehe
1 TL getrockneter Oregano
2 TL Tomatenmark
5 EL Olivenöl
Salz
Pfeffer, frisch gemahlen
350 g kleine Strauchtomaten
1 Kugel Mozzarella (125 g)
1 rundes Fladenbrot
(20 cm ø)
3 Stängel Basilikum

Zubereitungszeit:
25 Minuten

ZUSÄTZLICH **Die Pizza nach dem Backen mit frischer Rauke (Rucola) und Parmesanspänen bestreuen und mit etwas Aceto balsamico beträufeln.**

ASIATISCH

KLARE ASIASUPPE

1. Ingwer schälen und fein würfeln. Knoblauch abziehen und in dünne Scheiben schneiden. Chilischote längs halbieren und fein schneiden. Frühlingszwiebeln waschen, putzen, das Weiße und Hellgrüne schräg in dünne Ringe schneiden. Römersalat putzen, waschen und die Salatblätter in feine Streifen schneiden. Hähnchenbrust waschen, trockentupfen und quer in ½ Zentimeter dicke Scheiben schneiden.

2. Brühe aufkochen. Ingwer, Knoblauch, Chili und die Hälfte der Frühlingszwiebeln dazugeben und bei mittlerer Hitze 5 Minuten kochen. Fleisch zufügen und 5 Minuten garen. Nudeln in die Brühe geben und nach Packungsanweisung kochen.

3. Koriandergrün waschen, trockenschütteln und die Blättchen mit den zarten Stielen abzupfen. Limettensaft auspressen. Asiasuppe mit Limettensaft und Sojasauce abschmecken.

4. Römersalat, die restlichen Frühlingszwiebeln und Koriandergrün auf 2 Suppenschälchen verteilen. Die Asiasuppe mit der Suppeneinlage dazugeben und servieren.

Zutaten für 2 Personen

30 g frischer Ingwer
1 Knoblauchzehe
1 rote Chilischote
2 Frühlingszwiebeln
1 Römersalatherz
150 g Hähnchenbrustfilet
1 l Geflügelbrühe
50 g Sobanudeln (ersatzweise Reisnudeln)
5 Stängel Koriandergrün
1 Limette
3–4 EL Sojasauce

Zubereitungszeit:
25 Minuten

TIPP Dieser Suppe sind keine Grenzen gesetzt. Sie kann auch mit Zuckerschoten, Babyspinat, Sojasprossen und/oder Champignons zubereitet werden. Statt des Hähnchenfleischs eignen sich auch Tofu oder dünne Scheiben Rinderfilet.

ZUSÄTZLICH Für zusätzliche Würze und Biss die Suppe mit einigen Röstzwiebeln bestreuen und servieren.

SCHARFE KOKOSSUPPE

1. Zwiebel abziehen, halbieren und in Streifen schneiden. Zuckerschoten putzen und schräg halbieren. Bambussprossen abtropfen lassen.

2. Öl in einem Topf erhitzen und die Zwiebel darin bei mittlerer Hitze 2 Minuten dünsten. Currypaste dazugeben und unter Rühren 1 Minute mitdünsten. Brühe und Kokosmilch zufügen, aufkochen und 5 Minuten kochen.

3. Zuckerschoten und Bambussprossen dazugeben und 4 Minuten mitkochen. Suppe mit Salz, eventuell weiterer Currypaste und Limettensaft würzen.

4. Thaibasilikum waschen, trockenschütteln und die Blätter von den Stängeln zupfen. Erdnüsse grob hacken. Suppe mit Thaibasilikum und Erdnüssen bestreuen und servieren.

Das Bild zum Rezept befindet sich auf Seite 45.

Zutaten für 2 Personen

1 rote Zwiebel
150 g Zuckerschoten
100 g Bambussprossen
(Glas)
2 EL neutrales Öl
2–3 TL rote Currypaste
400 ml Gemüsebrühe
400 ml ungesüßte Kokosmilch
Salz
1–2 EL Limettensaft, frisch gepresst
4 Stängel Thaibasilikum (ersatzweise normales Basilikum)
2 EL geröstete, gesalzene Erdnüsse

Zubereitungszeit:
20 Minuten

TIPP Für einen etwas milderen Geschmack und weniger Schärfe die Suppe mit gelber Currypaste zubereiten. Currypasten lassen sich in kleinen Mengen einfrieren und nach Bedarf entnehmen.

ZUSÄTZLICH Die Suppe mit Tofu bereichern. Dafür 200 Gramm Tofu (natur) in 2 Zentimeter große Würfel schneiden und kurz nach dem Gemüse zufügen.

INDISCHE CURRYSUPPE

1. Frühlingszwiebeln waschen, putzen, das Weiße fein würfeln und das Hellgrüne schräg in feine Ringe schneiden. Knoblauch abziehen und hacken. Ingwer schälen und fein würfeln. Sellerie waschen und putzen. Möhren und Kartoffeln waschen, putzen und schälen. Paprikaschote waschen und entkernen. Sellerie, Möhren, Kartoffeln und Paprika in 1 Zentimeter große Würfel schneiden.

2. Butter in einem großen Topf schmelzen und das Weiße der Frühlingszwiebeln, Knoblauch und Ingwer darin bei mittlerer Hitze 2 Minuten dünsten. Sellerie, Möhren und Paprika dazugeben und 5 Minuten mitdünsten. Mit Salz würzen. 4 Esslöffel Gemüse für die Suppeneinlage herausnehmen und beiseite stellen.

3. Kartoffelwürfel in den Topf geben, mit Currypulver bestäuben und unter Rühren kurz dünsten. Brühe und Sahne zugießen, aufkochen und zugedeckt 10 Minuten kochen.

4. Suppe mit einem Stabmixer pürieren. Mit Salz, Zucker, Chiliflocken und einigen Spritzern Zitronensaft würzen. Restliches Gemüse in die Suppe geben. Frühlingszwiebelringe aufstreuen. Mit Joghurt servieren.

Zutaten für 2 Personen

4 Frühlingszwiebeln
1 Knoblauchzehe
30 g frischer Ingwer
150 g Staudensellerie
200 g Möhren
100 g Kartoffeln
200 g rote Paprikaschote
1 EL Butter
Salz
2–3 TL mildes Currypulver
700 ml Geflügelbrühe
(ersatzweise Gemüsebrühe)
100 g Schlagsahne
1 Prise Zucker
getrocknete Chiliflocken
frisch gepresster Zitronensaft
150 g Naturjoghurt

Zubereitungszeit:
30 Minuten

TIPP In gut sortierten Supermärkten gibt es indisches Naan-Brot. Dieses nach Packungsanweisung aufbacken und zu der Currysuppe servieren.

CURRY-HÄHNCHEN-SPIESSE

Für Curry-Hähnchen-Spieße als Beilage 250 Gramm Hähnchenbrustfilet in 3 Zentimeter große Stücke schneiden und mit Salz, 1 Teelöffel Currypulver und 2 Esslöffel Öl mischen. Fleischstücke auf 4 Holzspieße stecken. In einer Pfanne bei mittlerer bis starker Hitze ca. 7 Minuten braten. Nach Belieben die Spieße in 2 Esslöffel gerösteter Sesamsaat wälzen.

ASIA-RIND MIT BROKKOLI

1. Knoblauch abziehen und in dünne Scheiben schneiden. Zwiebeln abziehen, halbieren und in Streifen schneiden. Brokkoli waschen, putzen und in kleine Röschen teilen. Brokkolistiel schälen und in Scheiben schneiden. Steak quer in ½ Zentimeter breite Streifen schneiden.

2. In einem Wok oder einer großen Pfanne 2 Esslöffel Öl erhitzen und Zwiebel und Brokkoli darin bei mittlerer bis starker Hitze 5 Minuten braten. Knoblauch dazugeben und bei mittlerer Hitze 2 Minuten mitbraten. Gemüse salzen und herausnehmen.

3. In dem Bratfett 1 Esslöffel Öl erhitzen und das Fleisch darin bei starker Hitze rundherum 1 bis 2 Minuten unter Rühren braten. Salzen und herausnehmen.

4. Austernsauce, Sherry und 150 Milliliter Wasser dazugeben und zum Kochen bringen. Gemüse und Fleisch untermischen und aufkochen. Mit Zucker und Sambal Oelek würzen.

5. Basilikum waschen, trockenschütteln und die Blätter von den Stängeln zupfen. Cashewkerne grob hacken. Asia-Rind mit Basilikum und Cashewkernen bestreuen und servieren.

Zutaten für 2 Personen

1 Knoblauchzehe
2 rote Zwiebeln
400 g Brokkoli
Salz
250 g Rumpsteak (ersatzweise Rinderfilet)
3 EL neutrales Öl
4 EL Austernsauce
2 EL trockener Sherry (ersatzweise Weißwein)
1 Prise Zucker
½–1 TL Sambal Oelek
3 Stängel Basilikum
3 EL geröstete, gesalzene Cashewkerne

Zubereitungszeit:
25 Minuten

TIPP Als Beilage passen gekochter Reis oder Glasnudeln dazu.

ALTERNATIVE Statt des Brokkolis rote Paprikaschoten verwenden. Statt der Cashewkerne Erdnüsse oder geröstete Sesamsaat nehmen.

GELBES GEMÜSECURRY

1. Ingwer schälen und fein würfeln. Knoblauch abziehen und hacken. Chilischote längs halbieren, entkernen und fein schneiden. Frühlingszwiebeln waschen, putzen und das Weiße und Hellgrüne schräg in 2 Zentimeter lange Stücke schneiden. Spargel waschen, das untere Drittel schälen und die Enden abschneiden. Spargel in 3 Zentimeter lange Stücke schneiden. Zuckerschoten waschen.

2. Öl in einem Wok oder einer großen Pfanne erhitzen und Ingwer, Knoblauch, Chili, Frühlingszwiebeln, Zuckerschoten und Spargel darin bei mittlerer Hitze 5 Minuten braten. Salzen.

3. Gemüse mit Currypulver bestäuben und unter Rühren kurz mitbraten. Kokosmilch und 200 Milliliter Wasser zugießen, aufkochen und bei mittlerer Hitze 5 bis 7 Minuten kochen. Curry mit Salz, Zucker und Limettensaft abschmecken. Mit Röstzwiebeln bestreuen und servieren.

Zutaten für 2 Personen

25 g frischer Ingwer
1 Knoblauchzehe
1 rote Chilischote
2 Frühlingszwiebeln
250 g grüner Spargel
150 g Zuckerschoten
2 EL neutrales Öl
Salz
2 TL mildes Currypulver
200 ml ungesüßte Kokos-milch
1 Prise Zucker
2–3 TL Limettensaft, frisch gepresst
2 EL Röstzwiebeln

Zubereitungszeit:
30 Minuten

TIPP   **Als Beilage passt Reis dazu.**

NOCH SCHNELLER   **Statt Ingwer, Knoblauch, Chili und Currypulver 1 bis 2 Esslöffel gelbe Currypaste kurz mit dem Gemüse mitbraten.**

LINSENCURRY MIT SCHWEIN

1. Zwiebeln abziehen, halbieren und in Streifen schneiden. Knoblauch abziehen und hacken. Ingwer schälen und fein würfeln. Möhren waschen, schälen und schräg in ½ Zentimeter dicke Scheiben schneiden. Schweinenacken in 2 Zentimeter große Stücke schneiden.

2. In einer tiefen Pfanne 1 Esslöffel Öl erhitzen und das Fleisch darin bei starker Hitze rundherum 5 Minuten braten. Mit Salz würzen und herausnehmen.

3. 1 Esslöffel Öl und Butter in dem Bratfett erhitzen und Zwiebel, Knoblauch, Ingwer und Möhre darin bei mittlerer Hitze 5 Minuten braten. Mit wenig Salz würzen. Linsen und Currypulver dazugeben und unter Rühren kurz mitbraten.

4. Tomaten und Brühe zugießen, aufkochen und zugedeckt 20 Minuten kochen. Fleisch untermischen und 5 Minuten mitkochen. Linsencurry mit Salz, Zucker, Chiliflocken und Limettensaft abschmecken.

Zutaten für 2 Personen

2 Zwiebeln
1 Knoblauchzehe
30 g frischer Ingwer
150 g Möhren
2 Schweinenackensteaks
(à 100 g)
2 EL neutrales Öl
Salz
½ EL Butter
80 g rote Linsen
2 TL mildes Currypulver
1 Dose stückige Tomaten
(400 g Füllmenge)
250 ml Gemüsebrühe
1 Prise Zucker
getrocknete Chiliflocken
2–3 TL Limettensaft, frisch
gepresst

Zubereitungszeit:
45 Minuten

TIPP Als Beilage passt Reis dazu.

MINZJOGHURT

Für einen Hauch Frische das Linsencurry mit Minzjoghurt servieren. Dafür die Blätter von 2 Stängeln frischer Minze abzupfen und fein schneiden. Mit 150 Gramm griechischem Sahnejoghurt (10 % Fett) mischen, fertig!

KICHERERBSENCURRY

1. Spinat auftauen, kräftig ausdrücken und grob schneiden. Zwiebel halbieren und in dünne Streifen schneiden. Ingwer schälen und fein würfeln. Kichererbsen in ein Sieb geben, abspülen und gut abtropfen lassen.

2. Butter in einem Topf schmelzen und Zwiebel und Ingwer darin bei mittlerer Hitze 3 Minuten dünsten. Mit Currypulver bestäuben und kurz mitdünsten.

3. Brühe und Kokosmilch zugießen und aufkochen. Spinat und Kichererbsen untermischen. Bei mittlerer Hitze 7 Minuten kochen. Mit Salz, Chiliflocken und Limettensaft würzen.

Zutaten für 2 Personen

250 g tiefgefrorener Blatt-spinat
1 rote Zwiebel
30 g frischer Ingwer
1 Dose Kichererbsen
(265 g Abtropfgewicht)
1 EL Butter
2 TL mildes Currypulver
150 ml Gemüsebrühe
400 ml ungesüßte Kokos-milch
Salz
getrocknete Chiliflocken
2–3 TL Limettensaft, frisch gepresst

Zubereitungszeit:
20 Minuten

ZUSÄTZLICH Als Beilage passt Reis dazu. Für ein wenig Süße 30 Gramm in Streifen geschnittene, getrocknete Aprikosen oder Cranberrys mitkochen.

ALTERNATIVE Als Scharfmacher eignen sich auch Sambal Oelek oder frische Chili-schoten. Frische Chilischoten können auf einem Teller ausgebreitet getrocknet werden. Sie halten, trocken aufbewahrt, monatelang.

TIPP Den Spinat schon am Vorabend auf einen tiefen Teller legen und im Kühlschrank auftauen lassen. Ansonsten lässt sich Spinat bei niedriger Leistung schnell in der Mikrowelle auftauen, oder man gibt den Spinat – noch gut in Folie verschweißt – in eine Schüssel mit lauwarmem Wasser.

FRUCHTIGES HÄHNCHENCURRY

1. Hähnchenbrust waschen, trockentupfen und quer in dünne Scheiben schneiden. Knoblauch abziehen und hacken. Frühlingszwiebeln waschen, putzen und das Weiße und Hellgrüne in feine Ringe schneiden. Paprikaschote waschen, vierteln, entkernen und in Streifen schneiden. Mango waschen, schälen und das Fruchtfleisch erst vom Stein und dann in 1 Zentimeter große Stücke schneiden.

2. Öl in einer großen, tiefen Pfanne erhitzen und das Hähnchenfleisch darin bei starker Hitze 5 Minuten braten. Mit Salz und Pfeffer würzen und herausnehmen. Knoblauch, das Weiße der Frühlingszwiebeln und Paprika in die Pfanne geben und bei mittlerer Hitze 3 Minuten braten. Mit Salz würzen. Zwei Drittel der Mango untermischen. Currypaste dazugeben und unter Rühren 1 Minute mitbraten.

3. Brühe zugießen, aufkochen und zugedeckt 8 Minuten garen. Fleisch untermischen und 2 Minuten mitgaren. Koriandergrün waschen, trockenschütteln und die Blättchen mit den zarten Stielen von den Stängeln zupfen.

4. Das Curry mit Salz, Pfeffer und Limettensaft würzen. Mit der restlichen Mango, dem Grün der Frühlingszwiebeln und Koriandergrün bestreuen.

Zutaten für 2 Personen

200 g Hähnchenbrustfilet
1 Knoblauchzehe
2 Frühlingszwiebeln
200 g rote Paprikaschote
200 g Mango
2 EL neutrales Öl
Salz
Pfeffer, frisch gemahlen
2–3 TL rote Currypaste
300 ml Geflügelbrühe
4 Stängel Koriandergrün
2–3 TL Limettensaft, frisch
gepresst

Zubereitungszeit:
35 Minuten

ZUSÄTZLICH Das Curry mit 3 Esslöffel grob gehackten, gesalzenen und gerösteten Erdnüssen bestreuen.

INGWERREIS

Dazu passt Ingwerreis. Dafür 30 Gramm frischen Ingwer schälen und in Scheiben schneiden. 150 Gramm Basmati- oder Jasminreis mit dem Ingwer mischen und nach Packungsanweisung in Salzwasser garen. ½ Esslöffel Butter unter den heißen Reis mischen.

SCHWEINEFLEISCH SÜSS-SAUER

1. Zwiebel abziehen, halbieren und in Streifen schneiden. Knoblauch abziehen und hacken. Paprikaschote waschen, vierteln, entkernen und in 2 Zentimeter große Stücke schneiden. Ananas schälen, vierteln, den harten Strunk herausschneiden und das Fruchtfleisch in ebenso große Stücke schneiden.

2. Ketchup mit Essig, Honig, Sojasauce und 100 Milliliter Wasser verrühren.

3. Fleisch quer in dünne Scheiben schneiden. Mit Salz und Pfeffer würzen und in Speisestärke wälzen. 2 Esslöffel Öl in einem Wok oder einer großen Pfanne erhitzen und das Fleisch darin bei starker Hitze 2 Minuten unter Rühren braten. Herausnehmen. 1 Esslöffel Öl in dem Wok oder der Pfanne erhitzen und Zwiebel, Knoblauch und Paprika darin bei mittlerer Hitze 4 Minuten braten. Ananas untermischen.

4. Ketchup-Honig-Sauce zugießen und alles aufkochen. Fleisch untermischen und kurz erhitzen. Eventuell mit Salz und Pfeffer nachwürzen.

Zutaten für 2 Personen

1 Zwiebel
1 Knoblauchzehe
200 g gelbe Paprikaschote
1 Babyananas (ersatzweise ¼ große Ananas)
3 EL Ketchup
1 EL Weißweinessig
1 EL flüssiger Honig
3 EL Sojasauce
250 g Schweinefilet (ersatzweise Schweineschnitzel)
Salz
Pfeffer, frisch gemahlen
1 EL Speisestärke
3 EL neutrales Öl

Zubereitungszeit:
30 Minuten

ZUSÄTZLICH Als Beilage eignet sich Reis. Für mehr Schärfe 20 Gramm gehackten, frischen Ingwer mitbraten und das Gericht zum Schluss nach Belieben mit Sambal Oelek würzen.

TIPP Das Wälzen von Fleisch in Speisestärke geht einfach, wenn man beides in eine Frischhaltedose gibt, den Deckel fest verschließt und dann die Dose schüttelt.

ALTERNATIVE Wer keine frische Ananas bekommt, nimmt stattdessen 1 kleine Dose Ananasstücke (150 g Abtropfgewicht). Ananassaft nicht wegschütten, sondern 50 Milliliter Wasser durch Ananassaft ersetzen.

SCHARFES RIND

1. Ingwer schälen und fein würfeln. Knoblauch abziehen und hacken. Pfeffer, Ingwer, Knoblauch, 1 Esslöffel Sojasauce und 1 Esslöffel Öl in einer Schüssel mischen.

2. Steak waschen, trockentupfen und quer in dünne Scheiben schneiden. Fleisch mit der Pfeffermischung vermengen. Zwiebeln abziehen, halbieren und in Streifen schneiden. Restliche Sojasauce mit Aprikosenkonfitüre verrühren.

3. In einer Pfanne 2 Esslöffel Öl erhitzen und das Fleisch darin in 2 Portionen bei starker Hitze 3 Minuten braten. Herausnehmen. 1 Esslöffel Öl im Bratfett erhitzen und die Zwiebeln darin bei mittlerer Hitze 5 Minuten braten. 200 Milliliter Wasser und die Soja-Aprikosen-Mischung zugießen. Aufkochen.

4. Speisestärke mit wenig kaltem Wasser verrühren, bis sie sich aufgelöst hat. Stärkelösung unter ständigem Rühren in die Sauce gießen und aufkochen. Fleisch und ausgetretenen Fleischsaft zufügen und 1 Minute in der Sauce ziehen lassen.

5. Petersilie waschen, trockenschütteln, die Blätter von den Stängeln zupfen und hacken. Das Fleisch mit Petersilie bestreuen und servieren.

Zutaten für 2 Personen

20 g frischer Ingwer
1 Knoblauchzehe
1 TL schwarzer Pfeffer, frisch gemahlen
6 EL Sojasauce
4 EL neutrales Öl
300 g Rinderhüftsteak
2 Zwiebeln
50 g Aprikosenkonfitüre
1 TL Speisestärke
3 Stängel glatte Petersilie

Zubereitungszeit:
30 Minuten

TIPP Als Beilage passt Reis dazu. Wer keine Speisestärke im Vorratsschrank hat, bindet die Sauce mit dunklem Saucenbinder. Er kann direkt in die heiße Flüssigkeit hineingegeben werden.

ALTERNATIVE Statt Aprikosenkonfitüre kann auch Pflaumenmus verwendet werden.

CURRY-BRATREIS

1. Wasser für den Reis aufkochen und salzen. Reis dazugeben und nach Packungsanweisung garen. 3 Minuten vor Ende der Garzeit Erbsen unterrühren und zugedeckt mitgaren.

2. Inzwischen Tofu in 1 Zentimeter große Würfel schneiden. Tofu in einer Schüssel mit 1 Teelöffel Currypulver, 1 Esslöffel süßer Chilisauce, Salz und 1 Esslöffel Öl mischen. Knoblauch abziehen und hacken. Lauch putzen, längs halbieren, gründlich waschen und quer in dünne Streifen schneiden. Ananas schälen, den harten Strunk herausschneiden und das Fruchtfleisch in 2 Zentimeter große Stücke schneiden.

3. Reis abgießen, gut abtropfen und etwas abkühlen lassen. 1 Esslöffel Öl einer großen Pfanne erhitzen und den Tofu darin bei mittlerer bis starker Hitze rundherum 3 Minuten braten. Herausnehmen. Erneut 1 Esslöffel Öl erhitzen und darin Knoblauch und Lauch bei mittlerer Hitze 5 Minuten braten. Salzen. Ananas untermischen und 2 Minuten mitbraten. Lauch-Ananas-Mischung aus der Pfanne nehmen.

4. Butter in der Pfanne schmelzen und den Erbsenreis darin bei mittlerer Hitze 5 Minuten braten. Mit 1 Teelöffel Currypulver bestäuben und kurz mitbraten. Tofu und Lauch-Ananas-Mischung unterheben und erwärmen. Curry-Bratreis mit der restlichen süßen Chilisauce servieren.

Zutaten für 2 Personen

125 g Basmatireis
Salz
150 g tiefgefrorene Erbsen
150 g Tofu
2 TL mildes Currypulver
3 EL süße Chilisauce
3 EL neutrales Öl
1 Knoblauchzehe
1 Stange Lauch
250 g reife Ananas
½ EL Butter

Zubereitungszeit:
40 Minuten

NOCH SCHNELLER Ananas aus der Dose verwenden. Wer noch Reisreste vom Vortag hat, kann diese prima für den Bratreis nehmen. Der Reis lässt sich dann besonders gut braten und klebt nicht.

ALTERNATIVE Der Tofu kann durch geschälte Garnelen oder Hähnchenbrustfilet ersetzt werden.

REISPAPIERRÖLLCHEN

1. Römersalat putzen, waschen, trockentupfen und die Salatblätter in feine Streifen schneiden. Frühlingszwiebeln waschen, putzen und das Weiße und Hellgrüne schräg in feine Ringe schneiden. Minze und Basilikum waschen, trockenschütteln und die Blätter von den Stängeln zupfen. Erdnüsse grob hacken.

2. Reispapierblätter nach Packungsanweisung quellen lassen und auf einem feuchten Küchentuch ausbreiten. Jedes Blatt in der Mitte des unteren Drittels mit Salat, Frühlingszwiebeln, Minze, Basilikum und je 1 Scheibe Roastbeef belegen. Mit Erdnüssen bestreuen und mit je ½ Esslöffel süßer Chilisauce und einigen Spritzern Limettensaft beträufeln. Die Seiten über die Füllung klappen und die Reispapierblätter von unten her stramm aufrollen.

3. Reispapierröllchen sofort servieren.

Zutaten für 2 Personen

1 Römersalatherz
2 Frühlingszwiebeln
2 Stängel Minze
2 Stängel Basilikum
2 EL gesalzene, geröstete Erdnüsse
6 Blätter Reispapier (ø 22 cm)
6 Scheiben Roastbeef-Aufschnitt
3 EL süße Chilisauce
1 Limette

Zubereitungszeit: 20 Minuten

ALTERNATIVE Reispapierröllchen können je nach Wunsch gefüllt werden. Zum Beispiel auch mit Rotkohl, Paprikaschote, Mango, Gurke, Avocado, blanchierten Sprossen, gebratenem Entenfleisch, Garnelen oder Hähnchen.

ASIA-DIP

Reispapierröllchen mit einem scharfen Asia-Dip servieren. Dafür 3 Esslöffel Sojasauce mit 1 Esslöffel Wasser und 1 Esslöffel frisch gepresstem Limettensaft verrühren. ½ fein gehackte, rote Chilischote, 20 Gramm gewürfelten, frischen Ingwer und ½ gehackte Knoblauchzehe untermischen.

TERIYAKI-NUDELN MIT TOFU

1. Tofu in 2 Zentimeter große Würfel schneiden. Koriandersaat in einem Mörser grob zerstoßen. Pfefferschote waschen und in feine Ringe schneiden. Knoblauch abziehen und hacken. Koriandersaat, Knoblauch und Pfefferschote in einer Schüssel mit Teriyaki-Sauce mischen. Tofu untermischen und 10 Minuten marinieren.

2. In der Zwischenzeit Spargel waschen, das untere Drittel schälen und die Enden abschneiden. Spargel und Maiskolben schräg in 2 Zentimeter lange Stücke schneiden.

3. Tofu in ein Sieb geben und die Marinade auffangen. 2 Esslöffel Öl in einer großen Pfanne oder einem Wok erhitzen und den Tofu darin bei starker bis mittlerer Hitze rundherum 5 Minuten anbraten. Herausnehmen. Erneut 1 Esslöffel Öl erhitzen und den Spargel darin bei mittlerer Hitze 4 Minuten braten. Maiskolben dazugeben und 1 Minute mitbraten.

4. Nudeln, 200 bis 250 Milliliter Wasser und die Marinade zum Gemüse geben. Alles unter Rühren ca. 3 Minuten kochen, bis die Nudeln die Flüssigkeit aufgenommen haben. Tofu untermischen. Schnittlauch waschen, trockenschütteln und in Röllchen schneiden. Nudeln mit Schnittlauch bestreuen und sofort servieren.

Zutaten für 2 Personen

200 g Tofu
2 TL Koriandersaat
½–1 rote Pfefferschote
1 Knoblauchzehe
7 EL Teriyaki-Sauce
200 g grüner Spargel
6 Mini-Maiskolben (Glas)
3 EL neutrales Öl
150 g breite Wok-Nudeln
(Instant)
½ Bund Schnittlauch

Zubereitungszeit:
30 Minuten

Das Bild zum Rezept befindet sich auf Seite 44.

ALTERNATIVE Statt Spargel Zuckerschoten und/oder Paprikaschoten verwenden.

TIPP Für etwas Biss das Gericht zum Schluss mit gerösteter Sesamsaat oder Cashewkernen bestreuen.

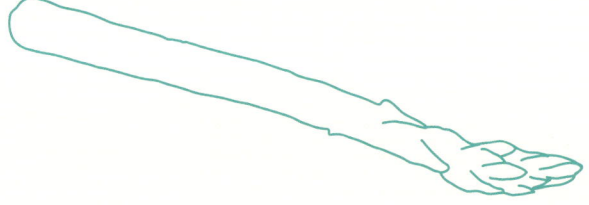

THAILÄNDISCHE GEMÜSENUDELN

1. Reichlich Wasser für die Nudeln aufkochen und salzen. Nudeln zugeben und nach Packungsanweisung bissfest garen. Abgießen und mit kaltem Wasser abspülen.

2. Hähnchenbrust waschen, trockentupfen und quer in dünne Scheiben schneiden. Möhren waschen, schälen und schräg in dünne Scheiben schneiden. Knoblauch abziehen und hacken. Chilischote fein würfeln. Frühlingszwiebeln waschen, putzen und das Weiße und Hellgrüne schräg in 1 Zentimeter breite Stücke schneiden. Eier in einer Schüssel verquirlen. Zucker mit Limettensaft, 3 Esslöffel Sojasauce und 2 Esslöffel Wasser verrühren.

3. In einer großen Pfanne oder einem Wok 1 Esslöffel Öl erhitzen und das Hähnchenfleisch darin bei mittlerer bis starker Hitze auf jeder Seite 2 Minuten braten. Herausnehmen. Erneut 1 Esslöffel Öl erhitzen und die Möhrenscheiben darin bei mittlerer Hitze 2 Minuten braten. Knoblauch, Chili und Frühlingszwiebeln dazugeben und unter Rühren 2 Minuten mitbraten.

4. Nudeln zufügen und 2 Minuten mitbraten. Hähnchenfleisch untermischen. Ei darüber gießen und unter Rühren stocken lassen. Sojasaucenmischung zugießen und aufkochen. Koriandergrün waschen, trockenschütteln und die Blätter mit den zarten Stielen abzupfen. Nudeln mit Koriandergrün bestreuen und sofort servieren.

Zutaten für 2 Personen

100 g asiatische breite Reisnudeln
150 g Hähnchenbrustfilet
150 g Möhren
1 Knoblauchzehe
½–1 rote Chilischote
4 Frühlingszwiebeln
2 Eier
2 TL brauner Zucker
2 EL Limettensaft, frisch gepresst
3–4 EL Sojasauce
2 EL neutrales Öl
6 Stängel Koriandergrün

Zubereitungszeit:
30 Minuten

ZUSÄTZLICH Zuckerschoten, Paprika und Brokkoli als zusätzliches Gemüse wählen. Vegetarier reichern das Gericht mit Tofu an.

ALTERNATIVE Wer keine Reisnudeln bekommt, nimmt stattdessen Linguine ... nicht ganz authentisch, aber auch lecker!

TERIYAKI-HONIG-LACHS

1. Chilischote fein hacken. In einer Auflaufform 2 Esslöffel Öl mit 2 Esslöffel Limettensaft, Honig, Teriyaki-Sauce und Chili verrühren. Lachsfilet waschen und trockentupfen. In der Marinade wenden und 10 Minuten marinieren.

2. In der Zwischenzeit die Gurke waschen, streifig schälen und quer halbieren. Das Fruchtfleisch mit einem Sparschäler der Länge nach rund um das weiche Innere in lange dünne Scheiben schneiden. Das weiche Innere wegwerfen.

3. Für das Dressing 2 Esslöffel Limettensaft, 2 Esslöffel Wasser, Zucker, Sojasauce und 2 Esslöffel Öl verrühren. Minze waschen, trockenschütteln, Blätter von den Stängeln zupfen und grob schneiden. Außerdem Sesam in einer Pfanne ohne Fett rösten.

4. Eine beschichtete Pfanne erhitzen. Lachs aus der Marinade nehmen, abtropfen lassen und in der Pfanne bei mittlerer bis starker Hitze auf jeder Seite 3 Minuten braten. Mit der restlichen Marinade ablöschen und einmal aufkochen.

5. Die Gurkenscheiben mit dem Dressing mischen und mit Minze und Sesam bestreuen. Teriyaki-Honig-Lachs sofort mit dem Gurkensalat servieren.

Zutaten für 2 Personen

½–1 TL rote Chilischote
4 EL neutrales Öl
4 EL Limettensaft, frisch gepresst
2 TL flüssiger Honig
3 EL Teriyaki-Sauce
2 Lachsfilets ohne Haut
(à 180 g)
1 Salatgurke
1 TL Zucker
1 EL Sojasauce
2 Stängel Minze
2 EL Sesamsaat

Zubereitungszeit:
30 Minuten

TIPP Dazu passt Reis.

ALTERNATIVE Der Lachs kann auch im Backofen gegart werden. Dafür ein Backblech im Backofen bei 220 °C (Umluft nicht empfehlenswert, Gas Stufe 3–4) vorheizen. Den marinierten Lachs auf ein heißes Backblech legen und im unteren Backofendrittel 10 Minuten garen.

GARNELEN-AVOCADO-SALAT

1. Garnelen waschen und trockentupfen. Ingwer schälen und fein würfeln. Ingwer, Currypulver und 2 Esslöffel Öl in einer Schüssel verrühren. Garnelen mit dem Ingwer-Curry-Öl vermischen und 10 Minuten marinieren.

2. In der Zwischenzeit Radicchio putzen, den Strunk herausschneiden, Blätter waschen, trockenschleudern und in 2 Zentimeter breite Streifen schneiden. Mango waschen, schälen und das Fruchtfleisch erst vom Stein und dann in 1 Zentimeter große Würfel schneiden. Avocado halbieren, den Stein herauslösen und das Fruchtfleisch quer in Scheiben schneiden. Avocado mit ½ Esslöffel Zitronensaft mischen.

3. Für das Dressing 2½ Esslöffel Zitronensaft mit 1 Esslöffel Wasser, Salz, Pfeffer und Zucker verrühren. 4 Esslöffel Öl nach und nach unterrühren. Radicchio, Mango und Avocado mit dem Zitronendressing mischen.

4. Eine beschichtete Pfanne erhitzen und die Garnelen darin bei mittlerer bis starker Hitze rundherum 3 Minuten braten. Mit Salz würzen. Die Garnelen sofort mit dem Salat servieren.

Zutaten für 2 Personen

8 Garnelen (à 25 g, geschält, küchenfertig)
20 g frischer Ingwer
1 TL mildes Currypulver
6 EL Olivenöl
1 kleiner Radicchio
1 kleine reife Mango
1 reife Avocado
3 EL Zitronensaft, frisch gepresst
Salz
Pfeffer, frisch gemahlen
1 TL Zucker

Zubereitungszeit:
30 Minuten

TIPP Beim Kauf der Avocado darauf achten, dass diese wirklich reif ist. Ist sie steinhart, Finger weg! Meistens ist die Sorte Hass eine gute Wahl. Außerdem gibt es mittlerweile Avocados, die mit dem Aufkleber »ready to eat« gekennzeichnet sind.

ASIA-NUDEL-PFANNE

1. Zuckerschoten waschen und schräg halbieren. Shiitakes putzen, die Stiele abschneiden und die Pilze je nach Größe halbieren. Ingwer schälen und fein würfeln. Knoblauch abziehen und hacken. Frühlingszwiebeln waschen, putzen und das Weiße und Hellgrüne in feine Ringe schneiden.

2. Öl in einer großen Pfanne oder einem Wok erhitzen und die Zuckerschoten und Pilze darin bei starker bis mittlerer Hitze 4 Minuten braten. Ingwer, Knoblauch und das Weiße der Frühlingszwiebeln dazugeben und bei mittlerer Hitze 3 Minuten mitbraten.

3. Nudeln, 4 Esslöffel Sojasauce und 250 bis 300 Milliliter Wasser dazugeben. Ca. 5 Minuten unter Rühren kochen, bis die Nudeln die Flüssigkeit aufgenommen haben.

4. Nudelpfanne nach Bedarf mit weiterer Sojasauce und Limettensaft würzen. Mit Frühlingszwiebelgrün bestreuen und servieren.

Zutaten für 2 Personen

150 g Zuckerschoten
150 g Shiitakes (Speisepilze)
25 g frischer Ingwer
1 Knoblauchzehe
4 Frühlingszwiebeln
2 EL neutrales Öl
150 g dünne Wok-Nudeln
(Instant)
4–5 EL Sojasauce
2–3 TL Limettensaft, frisch
gepresst

Zubereitungszeit:
20 Minuten

ALTERNATIVE **Statt der Zuckerschoten Zucchini-, Möhren- oder Paprikastreifen mitbraten.**

ORIENTALISCH & MEDITERRAN

BLITZ-CHILI-CON-CARNE

1. Zwiebel und Knoblauch abziehen und fein würfeln. Öl in einer tiefen Pfanne erhitzen und das Hackfleisch darin bei starker Hitze 4 Minuten braten. Zwiebel und Knoblauch dazugeben und bei mittlerer Hitze 2 Minuten mitbraten. Mit Salz und Pfeffer würzen.

2. Tomaten dazugeben, aufkochen und bei mittlerer Hitze 15 Minuten kochen. Bohnen und Mais zusammen in ein Sieb geben, mit kaltem Wasser abspülen und abtropfen lassen. Bohnen und Mais zu der Hackfleischmischung geben und 5 Minuten mitkochen. Mit Salz, Pfeffer, Zucker und einigen Spritzern Chilisauce würzen.

3. Saure Sahne glatt rühren. Petersilie waschen, trockenschütteln, Blätter abzupfen und fein schneiden. Chili con carne mit Petersilie bestreuen und mit saurer Sahne servieren.

Das Bild zum Rezept befindet sich auf Seite 70.

Zutaten für 2 Personen

1 Zwiebel
1 Knoblauchzehe
2 EL neutrales Öl
250 g gemischtes
Hackfleisch
Salz
Pfeffer, frisch gemahlen
1 Dose stückige Tomaten
(400 g Füllmenge)
1 Dose Kidneybohnen (250 g
Abtropfgewicht)
1 Dose Mais (140 g Abtropfgewicht)
1 Prise Zucker
Chilisauce (z. B. Tabasco)
150 g saure Sahne
3 Stängel glatte Petersilie

Zubereitungszeit:
30 Minuten

TIPP Als Beilage Fladenbrot wählen.

ALTERNATIVE Chili con carne mit geraspeltem Cheddar bestreuen. Oder für etwas Frische und Knack mit Chicorée- oder Römersalatblättern servieren. Für eine orientalische Variante das Chili mit einer Messerspitze Zimtpulver und ½ Teelöffel gemahlenem Kreuzkümmel würzen.

NOCH SCHNELLER Das doppelte Rezept kochen und Reste einfrieren oder am nächsten Tag essen.

BULGURSALAT MIT SPECKDATTELN

1. In einem Topf 375 Milliliter Wasser aufkochen und salzen. Bulgur einrühren und zugedeckt nach Packungsanweisung quellen lassen.

2. Zwiebel abziehen, halbieren und in Streifen schneiden. 1 Esslöffel Öl in einer Pfanne erhitzen und die Zwiebel darin bei mittlerer Hitze 3 Minuten dünsten. Herausnehmen und unter den Bulgur mischen. Die Mischung etwas abkühlen lassen.

3. Minze und Petersilie waschen, trockenschütteln, Blätter abzupfen und hacken. Sellerie waschen, putzen, entfädeln und schräg in feine Scheiben schneiden. Bulgur mit Zitronensaft und 3 Esslöffel Öl mischen. Mit Salz, Pfeffer und Zucker würzen. Minze, Petersilie und Sellerie untermischen.

4. Für die Speckdatteln die Speckscheiben quer halbieren. Jeweils eine Dattel stramm mit ½ Speckscheibe umwickeln. In einer Pfanne ½ Esslöffel Öl erhitzen und die Speckdatteln darin rundherum bei mittlerer bis starker Hitze 5 Minuten braten. Auf Küchenpapier abtropfen lassen.

5. Bulgursalat mit Speckdatteln und Joghurt servieren.

Zutaten für 2 Personen

Salz
150 g Bulgur (Instant)
1 Zwiebel
4½ EL Olivenöl
3 Stängel Minze
3 Stängel glatte Petersilie
200 g Staudensellerie
3 EL Zitronensaft, frisch gepresst
Pfeffer, frisch gemahlen
1 Prise Zucker
4 Scheiben Frühstücksspeck (Bacon)
8 getrocknete, entkernte Datteln
150 g Naturjoghurt

Zubereitungszeit:
35 Minuten

ALTERNATIVE Statt der Datteln getrocknete Pflaumen verwenden. Für Vegetarier die Datteln mit je ½ Esslöffel glatt gerührtem Ziegenfrischkäse füllen und mit einem Walnusskern verschließen.

ZUSÄTZLICH Den Bulgursalat mit 40 Gramm grob gehackten, gesalzenen Pistazien bestreuen.

TIPP Der Salat passt zu jedem Picknick oder Grillfest. Schmeckt auch noch gut, wenn er etwas länger durchgezogen ist. Zusätzlich können fein geschnittene Paprika- und Möhrenstreifen untergemischt werden.

HIRTENSALAT MIT GEBRATENEM ZIEGENKÄSE

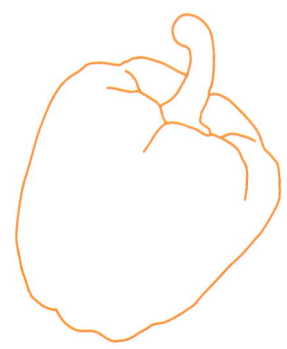

1. Paprikaschote waschen, putzen, halbieren und entkernen. Gurke waschen, schälen und längs vierteln. Tomaten waschen und den Stielansatz entfernen. Paprika, Gurke und Tomaten in 1 Zentimeter große Stücke schneiden. Zwiebel abziehen und in feine Ringe schneiden. Dill und Minze waschen, trockenschütteln, Blätter abzupfen und hacken.

2. Paprika, Gurke, Tomaten und Zwiebel in einer Schüssel mit Essig, 2 Esslöffel Wasser, Salz, Pfeffer, Zucker und 4 Esslöffel Öl mischen. Dill und Minze untermischen.

3. Ziegenkäse in 6 gleichmäßig dicke Scheiben schneiden. Jeweils eine Schnittfläche dünn mit Honig einstreichen. 1 Esslöffel Öl in einer beschichteten Pfanne erhitzen und darin die Käsescheiben auf der Honigseite bei mittlerer bis starker Hitze goldbraun anbraten.

4. Den heißen Ziegenkäse sofort mit dem Salat servieren.

Zutaten für 2 Personen

180 g rote Paprikaschote
1 Salatgurke
250 g Tomaten
1 kleine rote Zwiebel
2 Stängel Dill
2 Stängel Minze
2 EL Rotweinessig
Salz
Pfeffer, frisch gemahlen
1 Prise Zucker
5 EL Olivenöl
1 Rolle Ziegenkäse (120 g)
2 TL flüssiger Honig

Zubereitungszeit:
25 Minuten

TIPP Als Beilage passen Fladenbrot oder Baguette dazu.

TIPP Falls der Salat für ein Picknick oder als Beilage zum Grillen ist, die Gurke vorher mithilfe eines Teelöffels entkernen – dann verwässert sie nicht den Salat.

ALTERNATIVE Der Salat kann auch klassisch mit 100 Gramm gewürfeltem Schafskäse und einigen gemischten Oliven zubereitet werden.

GEMÜSEPFANNE MIT COUSCOUS

1. Aubergine, Paprikaschote und Zucchini waschen, putzen und in 1 Zentimeter große Stücke schneiden. Zwiebel abziehen und fein würfeln. Knoblauch abziehen und andrücken. Tomaten waschen, den Stielansatz entfernen und das Fruchtfleisch würfeln.

2. Couscous nach Packungsanweisung in kochendem Salzwasser quellen lassen.

3. In einer Pfanne 1 Esslöffel Öl erhitzen und die Aubergine darin bei starker Hitze 3 Minuten braten. 1 Esslöffel Öl, Paprika, Zucchini, Zwiebel und Knoblauch dazugeben und bei mittlerer Hitze 5 Minuten mitbraten. Mit Salz, Pfeffer und Zucker würzen. Tomaten, Rosinen und 3 Esslöffel Wasser zufügen, aufkochen und 7 bis 10 Minuten kochen. Knoblauchzehe entfernen. Gemüse mit Zimt, Salz und Pfeffer abschmecken.

4. Petersilie waschen, trockenschütteln, Blätter abzupfen und fein schneiden. Couscous mit einer Gabel etwas auflockern und 1 Esslöffel Öl untermischen. Gemüsepfanne mit Petersilie bestreuen und mit Couscous servieren.

Zutaten für 2 Personen

200 g Aubergine
200 g rote Paprikaschote
200 g Zucchini
1 Zwiebel
1 Knoblauchzehe
250 g reife Tomaten
Salz
150 g Couscous (Instant)
3 EL Olivenöl
Pfeffer, frisch gemahlen
1 Prise Zucker
1½ EL Rosinen
1 Messerspitze Zimtpulver
3 Stängel glatte Petersilie

Zubereitungszeit:
30 Minuten

ZUSÄTZLICH Gemüsepfanne mit 80 Gramm geraspeltem Schafskäse bestreuen. Oder/und 30 Gramm Mandelblättchen in einer Pfanne ohne Fett hellbraun rösten und über den Couscous streuen.

ALTERNATIVE Gemüsepfanne ohne Couscous und stattdessen mit Baguette oder Reis servieren.

ÜBERBACKENER SCHAFSKÄSE

1. Den Backofen mit zwei ofenfesten Förmchen (à 15 Zentimeter Durchmesser) auf 240 °C (Umluft 220 °C, Gas Stufe 5–6) vorheizen. Zwiebeln abziehen, halbieren und in feine Streifen schneiden. Tomaten waschen und halbieren. Peperoni in Ringe schneiden. Schafskäse trockentupfen und quer halbieren.

2. Zwiebeln, Kirschtomaten und Peperoni in einer Schüssel mit 2 Esslöffel Öl, Salz und Pfeffer mischen. Förmchen aus dem Backofen nehmen. Zwiebel-Tomaten-Mischung in die Förmchen geben. Jeweils ein Stück Käse darauf legen. Käse mit Paprikapulver und Oregano bestreuen und mit je 1 Esslöffel Öl beträufeln. Oliven rundherum verteilen.

3. Käse im heißen Backofen auf der mittleren Schiene in 15 bis 20 Minuten goldbraun überbacken.

4. In der Zwischenzeit die Petersilie waschen, trockenschütteln, Blätter abzupfen und grob hacken. Überbackenen Schafskäse mit Petersilie bestreuen und sofort servieren.

Zutaten für 2 Personen

2 Zwiebeln
250 g Kirschtomaten
2 eingelegte, milde, grüne Peperoni (Glas)
250 g Schafskäse
4 EL Olivenöl
Salz
Pfeffer, frisch gemahlen
½ TL edelsüßes Paprikapulver
1 TL getrockneter Oregano
6 schwarze Oliven (z. B. Kalamata)
2 Stängel glatte Petersilie

Zubereitungszeit:
30 Minuten

ALTERNATIVE Diese Zubereitung eignet sich auch hervorragend für die Grillsaison. Die Zwiebel-Tomaten-Mischung und den Käse wie beschrieben jeweils auf ein Stück Alufolie geben und einen kleinen Rand formen, damit keine Flüssigkeit herausläuft. Die Käsepäckchen auf den heißen Grill legen und backen.

TIPP Als Beilage passen Fladenbrot oder Baguette dazu.

BLITZ-CASSOULET

1. Den Backofengrill vorheizen. Speck in 2 Zentimeter große Stücke schneiden. Knoblauch und Zwiebel abziehen und fein würfeln. Thymian waschen, trockenschütteln und die Blättchen abzupfen. Bohnen in ein Sieb geben, mit kaltem Wasser abspülen und abtropfen lassen.

2. In einer tiefen, ofenfesten Pfanne ½ Esslöffel Öl erhitzen und den Speck darin bei mittlerer Hitze 5 Minuten braten. 1½ Esslöffel Öl, Knoblauch, Zwiebel und die Hälfte des Thymians dazugeben und 2 Minuten mitbraten. Tomatenmark einrühren und kurz mitrösten. Tomaten und 100 Milliliter Wasser zugießen. Alles aufkochen und bei schwacher Hitze 10 Minuten kochen.

3. In der Zwischenzeit das Brot in dünne Scheiben schneiden und in einem Blitzhacker zu groben Bröseln zerkleinern. Mit dem restlichen Thymian und 2 Esslöffel Öl mischen.

4. Bohnen unter die Tomatensauce mischen und 2 Minuten mitkochen. Bohnen-Tomaten-Mischung mit Salz, Pfeffer und Zucker würzen. Thymianbrösel darüber streuen. Alles unter dem heißen Backofengrill im oberen Drittel ca. 5 Minuten unter Beobachtung goldbraun überbacken und sofort servieren.

Zutaten für 2 Personen

100 g durchwachsener Speck
2 Knoblauchzehen
1 Zwiebel
5 Stängel Thymian
1 Dose kleine, weiße Bohnen
(250 g Abtropfgewicht)
4 EL Olivenöl
2 TL Tomatenmark
1 Dose stückige Tomaten
(400 g Füllmenge)
100 g altbackenes Weißbrot
Salz
Pfeffer, frisch gemahlen
1 Prise Zucker

Zubereitungszeit:
35 Minuten

NOCH SCHNELLER Tomaten-Bohnen-Mischung nicht mit Bröseln im Backofen überbacken, sondern einfach mit frischem Baguette servieren.

ZUSÄTZLICH Das Brät von 1 groben, ungebrühten Bratwurst mit 1 Teelöffel gehackter Fenchelsaat mischen und zu Klößchen formen. Diese 5 Minuten in dem Tomatensud garen. Bohnen zufügen und wie beschrieben zubereiten.

TIPP Dazu passt ein kräftiger, trockener Rotwein.

GYROS MIT KNOBLAUCHKARTOFFELN

1. Den Backofen auf 100 °C (Umluft nicht empfehlenswert, Gas Stufe 1) vorheizen. Schnitzel quer in feine Streifen schneiden. Zwiebeln abziehen, halbieren und in Streifen schneiden. Fleisch und Zwiebeln in einer Schüssel mit dem Gyrosgewürz und 2 Esslöffel Öl mischen und 10 Minuten marinieren.

2. Kartoffeln waschen, schälen und in 1 Zentimeter große Würfel schneiden. Thymian waschen, trockenschütteln und die Blättchen abzupfen. Knoblauch abziehen.

3. In einer großen Pfanne 2 Esslöffel Öl erhitzen und die Kartoffelwürfel darin bei mittlerer bis starker Hitze unter gelegentlichem Rühren 8 Minuten goldbraun braten. Salzen und pfeffern. Knoblauch durch eine Knoblauchpresse drücken und mit dem Thymian unter die Kartoffeln mischen. Kartoffeln in einer ofenfesten Form verteilen und im heißen Backofen auf der mittleren Schiene warm halten.

4. Erneut 1 Esslöffel Öl in der Pfanne erhitzen und die Fleisch-Zwiebel-Mischung darin bei mittlerer bis starker Hitze ca. 5 Minuten braten. Salzen und pfeffern. Gyros mit den Knoblauchkartoffeln und dem Joghurt sofort servieren.

Zutaten für 2 Personen

2 Schweineschnitzel
(à 150 g)
2 Zwiebeln
2 TL Gyrosgewürz
5 EL Olivenöl
500 g festkochende
Kartoffeln
4 Stängel Thymian
1 Knoblauchzehe
Salz
Pfeffer, frisch gemahlen
150 g griechischer Sahnejoghurt (10 % Fett)

Zubereitungszeit:
30 Minuten

TIPP Gyrosgewürz selbst herstellen: 1 Teelöffel edelsüßes Paprikapulver, 1 Teelöffel getrockneten Oregano, 2 Teelöffel frische Thymianblättchen und 1 Messerspitze getrocknete Chiliflocken oder Cayennepfeffer vermischen.

ZAZIKI

⅓ Salatgurke waschen, schälen, längs halbieren, entkernen und das Fruchtfleisch raspeln. 2 Stängel Dill waschen und hacken. 200 Gramm griechischen Sahnejoghurt (10 % Fett) mit 1 durchgepressten Knoblauchzehe und 1 Esslöffel Olivenöl glatt rühren. Mit Salz, Pfeffer und etwas Zitronensaft würzen. Gurkenraspel und Dill untermischen.

SPANISCHER GEMÜSEFLADEN

1. Den Backofen auf 220 °C (Umluft 200 °C, Gas Stufe 4–5) vorheizen. Ein Backblech mit Backpapier belegen.

2. Quark, 5 Esslöffel Öl und Ei mit den Knethaken eines Handrührgerätes verrühren. Mehl, Backpulver und 1 Teelöffel Salz vermengen, zu der Quarkmischung geben und alles zu einem glatten Teig verkneten. Teig auf einer bemehlten Arbeitsfläche mit den Händen durchkneten, 40 x 30 Zentimeter groß ausrollen und auf das Backblech legen.

3. Zwiebeln abziehen, halbieren und in Streifen schneiden. Paprikaschoten waschen, putzen, entkernen und in Streifen schneiden. Zucchini waschen, putzen und in feine Scheiben schneiden. Thymian waschen, trockenschütteln und die Blättchen abzupfen. Kapern abtropfen lassen.

4. In einer Pfanne 2 Esslöffel Öl erhitzen und die Zwiebeln darin bei mittlerer Hitze 2 Minuten braten. Paprika und Thymian dazugeben und 3 Minuten mitbraten. Zucchini und Kapern untermischen, salzen und pfeffern. Gemüsemischung auf dem Teig verteilen. Den Gemüsefladen im heißen Backofen im unteren Drittel ca. 20 bis 25 Minuten backen.

5. Das Backblech aus dem Backofen nehmen. Parmesan mit einem Sparschäler in feine Scheiben schneiden. Gemüsefladen mit dem Käse bestreuen und servieren.

Zutaten für 2–3 Personen

125 g Magerquark
7 EL Olivenöl
1 Ei (Größe M)
200 g Mehl
1 TL Weinsteinbackpulver
Salz
2 Zwiebeln
350 g rote Paprikaschoten
250 g Zucchini
4 Stängel Thymian
30 g Kapern
Pfeffer, frisch gemahlen
30 g Parmesan

Zubereitungszeit:
45 Minuten

TIPP Dazu passt ein trockener Rotwein. Reste schmecken auch kalt am nächsten Tag.

ZUSÄTZLICH Den Gemüsefladen nach dem Backen zusätzlich mit einigen Sardellenfilets belegen.

AUBERGINEN-HACK-AUFLAUF

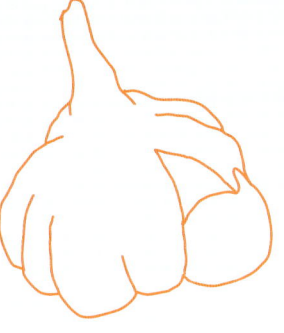

1. Den Backofen auf 220 °C (Umluft nicht empfehlenswert, Gas Stufe 4-5) vorheizen.

2. Zwiebel und Knoblauch abziehen und fein würfeln. Rosmarin waschen, trockenschütteln, die Nadeln abzupfen und hacken. Aubergine waschen, putzen und in 1 Zentimeter große Würfel schneiden. Tomaten waschen und halbieren. Schafskäse grob zerbröseln.

3. In einer Pfanne 1 Esslöffel Öl erhitzen und die Auberginen darin bei mittlerer bis starker Hitze 4 Minuten braten. Salzen, pfeffern und herausnehmen. Erneut 1 Esslöffel Öl in der Pfanne erhitzen und das Hackfleisch darin bei mittlerer bis starker Hitze 5 Minuten braten. Zwiebel, Knoblauch und die Hälfte des Rosmarins dazugeben und 2 Minuten mitbraten. Tomatenmark einrühren und kurz mitrösten. 175 Milliliter Wasser zugießen und aufkochen. Salzen und pfeffern.

4. Zwei ofenfeste Förmchen (à 15 Zentimeter Durchmesser) mit je 1 Teelöffel Öl fetten. Hackmischung in die Formen füllen. Aubergine, Tomaten, Schafskäse und restlichen Rosmarin mit 1 Esslöffel Öl mischen, salzen und pfeffern. Auberginenmischung auf dem Hackfleisch verteilen. Im heißen Backofen auf der mittleren Schiene 20 Minuten überbacken.

Zutaten für 2 Personen

1 Zwiebel
1 Knoblauchzehe
1 Zweig Rosmarin
200 g Aubergine
100 g Kirschtomaten
100 g Schafskäse
3½ EL Olivenöl
Salz
Pfeffer, frisch gemahlen
300 g gemischtes Hackfleisch
2 TL Tomatenmark

Zubereitungszeit:
40 Minuten

ALTERNATIVE Versuchen Sie dieses Rezept doch einmal mit Lammhackfleisch. Statt der Aubergine kann Zucchini verwendet werden – die man allerdings zuvor nur 2 Minuten anbraten soll.

TIPP Dazu passt Baguette oder Reis. Wer die feste Schale der Aubergine nicht so gerne mag, schält sie vorher mit einem Sparschäler.

GARNELENPFANNE

1. Knoblauch abziehen und in feine Scheiben schneiden. Frühlingszwiebeln waschen, putzen und das Weiße und Hellgrüne in 1 Zentimeter lange Stücke schneiden. Chilischote längs einritzen. Tomaten waschen, den Stielansatz entfernen und das Fruchtfleisch würfeln. Petersilie waschen, trockenschütteln, Blätter abzupfen und hacken. Garnelen waschen und trockentupfen.

2. In einer Pfanne 2 Esslöffel Öl erhitzen und die Garnelen darin bei starker Hitze rundherum 2 Minuten braten. Salzen und herausnehmen.

3. Erneut 2 Esslöffel Öl in der Pfanne erhitzen und Knoblauch, Frühlingszwiebeln und Chili darin bei mittlerer Hitze 2 Minuten braten. Tomaten, 2 Esslöffel Wasser und Petersilie dazugeben, aufkochen und salzen. Garnelen und 1 Esslöffel Öl untermischen und kurz erhitzen. Mit Zitronensaft abschmecken. Chilischote entfernen. Garnelenpfanne sofort servieren und die Garnelen vor dem Verzehr schälen.

Zutaten für 2 Personen

1 Knoblauchzehe
3 Frühlingszwiebeln
1 rote Chilischote
100 g Tomaten
4 Stängel glatte Petersilie
10 ungeschälte Garnelen
(à 25 g, entdarmt)
5 EL Olivenöl
grobes Meersalz
1–2 EL Zitronensaft, frisch
gepresst

Zubereitungszeit:
20 Minuten

TIPP Als Beilage passen ein frisches Baguette und ein gut gekühlter Rosé-Wein dazu.

TIPP Im gut sortierten Supermarkt gibt es mittlerweile tiefgekühlte Garnelen aus Bioaquakulturen. Diese werden unter natürlichen und nachhaltigen Bedingungen gezüchtet. Tiefgekühlte Garnelen aus der Verpackung nehmen, in ein Sieb geben und über eine Schüssel stellen. Im Kühlschrank über Nacht auftauen lassen.

ALTERNATIVE Die Garnelenpfanne lässt sich schnell zu einem Pastagericht abwandeln. Gleichzeitig 200 Gramm Spaghettini kochen, dabei 100 Milliliter Nudelwasser abschöpfen. Nudeln abgießen und mit dem Nudelwasser zu den Garnelen geben. Alles einmal aufkochen und servieren.

ORIENTALISCHE LINSENSUPPE MIT MANDELMISCHUNG

1. Zwiebel und Knoblauch abziehen und in feine Würfel schneiden. Linsen in ein Sieb geben, mit kaltem Wasser abspülen und abtropfen lassen.

2. Butter in einem Topf zerlassen und Zwiebel und Knoblauch darin bei mittlerer Hitze glasig dünsten. Linsen, Currypulver und Kreuzkümmel dazugeben und unter Rühren kurz mitdünsten. Brühe zugießen und aufkochen. Zugedeckt bei mittlerer Hitze 15 bis 20 Minuten kochen.

3. In der Zwischenzeit für die Mandelmischung die Zitrone waschen, trockentupfen und 1 Teelöffel Schale fein abreiben. Salzmandeln hacken. Petersilie waschen, trockenschütteln, die Blätter abzupfen und fein schneiden. Zitronenschale, Mandeln, Petersilie und Chiliflocken mischen.

4. Suppe mit einem Stabmixer fein pürieren. Mit Salz und einigen Spritzern Zitronensaft würzen. Suppe mit der Mandelmischung bestreuen und sofort servieren.

Zutaten für 2 Personen

1 Zwiebel
1 Knoblauchzehe
200 g rote Linsen
1 EL Butter
2 TL mildes Currypulver
½ TL gemahlener Kreuzkümmel
1 l Geflügel- oder Gemüsebrühe
1 Biozitrone
2 EL Salzmandeln
3 Stängel glatte Petersilie
½ TL getrocknete Chiliflocken
Salz

Zubereitungszeit:
30 Minuten

NOCH SCHNELLER Die Mandelmischung weglassen und die Suppe einfach mit 4 Esslöffel Schmand servieren.

TIPP Reste schmecken auch am nächsten Tag. Falls die Suppe dann zu dickflüssig ist, mit etwas Wasser oder Brühe verdünnen.

FÜR GÄSTE Die Suppe mit den Speckdatteln von Seite 73 kombinieren und als Vorspeise servieren.

SOUFLAKI MIT ZUCCHINI-TOMATEN-REIS

1. Vier Holzspieße 5 Minuten in Wasser einweichen. Schweinefilet waschen, trockentupfen und in 3 Zentimeter dicke Stücke schneiden. Thymian waschen, trockenschütteln und die Blätter abzupfen.

2. In einer Auflaufform den Zitronensaft mit 2 Esslöffel Öl, der Hälfte des Thymians und Pfeffer zu einer Marinade verrühren. Holzspieße aus dem Wasser nehmen, trockentupfen und die Fleischstücke darauf stecken. Fleischspieße in der Zitronen-Thymian-Marinade wenden und 10 Minuten marinieren.

3. In der Zwischenzeit den Reis nach Packungsanweisung in Salzwasser garen. Zwiebel abziehen und fein würfeln. Zucchini waschen, putzen und in 1 Zentimeter große Würfel schneiden. 1 Esslöffel Öl und die Butter in einer Pfanne erhitzen und Zwiebel, Zucchini und den restlichen Thymian darin bei mittlerer Hitze 3 Minuten braten. Salzen und pfeffern. Tomatenmark dazugeben und unter Rühren kurz mitbraten. Den Reis abgießen, gut abtropfen lassen, mit der Zucchinimischung vermengen und warm halten.

4. In einer Pfanne 1 Esslöffel Öl erhitzen. Fleischspieße aus der Marinade nehmen, abtropfen lassen und in der heißen Pfanne bei mittlerer bis starker Hitze rundherum 8 bis 10 Minuten braten und salzen. Spieße sofort mit dem Reis servieren.

Zutaten für 2 Personen

300 g Schweinefilet
6 Stängel Thymian
1 EL Zitronensaft, frisch gepresst
3 EL Olivenöl
Pfeffer, frisch gemahlen
125 g Langkornreis
Salz
1 Zwiebel
200 g Zucchini
½ EL Butter
2 TL Tomatenmark

Zubereitungszeit:
35 Minuten

TIPP Als Beilage passen die Knoblauchkartoffeln mit Zaziki von Seite 81. Die Fleischspieße lassen sich auch gut grillen.

ALTERNATIVE In die Marinade zusätzlich 1 in Scheiben geschnittene Knoblauchzehe, 1 Teelöffel Oregano und 1 Teelöffel edelsüßes Paprikapulver geben. Wenn man statt Schweinefilet durchwachsenen Schweinenacken braten will, verlängert sich die Bratzeit um ca. 5 Minuten.

SPANISCHER REISTOPF

1. Brühe erhitzen. Zwiebel abziehen, halbieren und in Streifen schneiden. Wurst in ½ Zentimeter dicke Scheiben schneiden. Garnelen kalt abwaschen und trockentupfen. Tomaten waschen und vierteln.

2. In einem weiten Topf 2 Esslöffel Öl erhitzen und die Zwiebel darin bei mittlerer Hitze 2 Minuten dünsten. Wurst dazugeben und 2 Minuten mitbraten. Reis und Paprikapulver zufügen und unter Rühren kurz mitbraten. 450 Milliliter Brühe zugießen, aufkochen und zugedeckt bei schwacher Hitze 15 Minuten kochen. Garnelen untermischen und für weitere 5 Minuten mitkochen.

3. Koriandergrün waschen, trockenschütteln und die Blätter mit den feinen Stielen abzupfen. Zitrone waschen, trockentupfen und in Spalten schneiden.

4. Tomaten unter den Reistopf mischen und 2 Minuten garen. Reistopf mit Salz und Pfeffer würzen. Falls die Konsistenz zu fest ist, eventuell 50 Milliliter Brühe untermischen. Mit Koriandergrün bestreuen und mit Zitronenspalten servieren.

Zutaten für 2 Personen

450–500 ml Geflügelbrühe
1 Zwiebel
100 g Chorizo (feste spanische Paprikawurst)
100 g Garnelen, geschält und gekocht (Kühlregal)
200 g Kirschtomaten
3 EL Olivenöl
125 g Rundkornreis
1 gestrichener TL edelsüßes Paprikapulver
4 Stängel Koriandergrün (ersatzweise glatte Petersilie)
1 Biozitrone
Salz
Pfeffer, frisch gemahlen

Zubereitungszeit:
35 Minuten

TIPP Für noch mehr spanischen Geschmack den Reistopf 10 Minuten vor Ende der Garzeit mit 8 bis 10 Safranfäden würzen. Dann schmeckt das Gericht ein wenig wie eine Paella.

ALTERNATIVE Wer keine Chorizo bekommt, nimmt Kabanossi. Statt der Wurst kann auch 150 Gramm in grobe Würfel geschnittenes Hähnchenbrustfilet gebraten und mitgegart werden.

FALAFEL-TASCHE

1. Frühlingszwiebeln waschen und putzen. Das Weiße fein würfeln und das Hellgrüne schräg in dünne Ringe schneiden. Petersilie waschen, Blätter abzupfen und hacken.

2. Kichererbsen in einem Sieb abgießen, kalt abwaschen und abtropfen lassen. In einem hohen Gefäß mit einem Stabmixer fein pürieren. Das Weiße der Frühlingszwiebeln, Petersilie, Ei und 5 Esslöffel Semmelbrösel untermischen. Mit Salz, Pfeffer, Kreuzkümmel und Zitronensaft würzen.

3. Gurke waschen und schälen. Tomaten waschen und den Stielansatz entfernen. Gurke und Tomate würfeln. Salat putzen, waschen, trockenschleudern und in Streifen schneiden.

4. In einen tiefen Teller 2 Esslöffel Semmelbrösel geben. Kichererbsenmasse mit feuchten Händen zu 8 kleinen, flachen Buletten formen und in den Semmelbröseln wenden. Öl in einer Pfanne erhitzen und die Buletten darin bei mittlerer Hitze auf jeder Seite 5 Minuten braten.

5. Pita-Brot in einem Toaster aufbacken. Brote öffnen und mit Frühlingszwiebelringen, Gurke, Tomaten, Salat, Kichererbsenbuletten und Joghurt füllen. Sofort servieren.

Das Bild zum Rezept befindet sich auf Seite 71.

Zutaten für 2 Personen

2 Frühlingszwiebeln
2 Stängel glatte Petersilie
1 Dose Kichererbsen
(265 g Abtropfgewicht)
1 Ei (Größe M)
7 EL Semmelbrösel
Salz
Pfeffer, frisch gemahlen
½ TL gemahlener Kreuzkümmel
1–2 TL Zitronensaft,
frisch gepresst
½ Salatgurke
120 g Tomaten
1 Römersalatherz
3 EL Öl
4 Pita-Taschen
150 g griechischer Sahnejoghurt (10 % Fett)

Zubereitungszeit:
35 Minuten

ZUSÄTZLICH 200 Gramm Möhren waschen, schälen und raspeln und mit 1 Esslöffel gehackter frischer Minze unter die Kichererbsenmasse mischen.

SESAMSAUCE

Sesamsauce schmeckt besonders gut dazu. Dafür 100 Gramm Sesampaste (Tahin) mit 2 bis 3 Esslöffel Zitronensaft, 2 Esslöffel griechischem Sahnejoghurt (10 % Fett), ½ Teelöffel edelsüßem Paprikapulver und 2 Esslöffel Wasser verrühren, salzen und pfeffern.

ORIENTALISCHE FRIKADELLEN

1. Den Backofen auf 200 °C (Umluft 180 °C, Gas Stufe 2–3) vorheizen. Paprikaschoten waschen, längs halbieren und entkernen. Paprika mit 1 Esslöffel Öl mischen, salzen und auf das Backblech legen.

2. Aprikosen fein würfeln. Petersilie waschen, trockenschütteln, Blätter abzupfen und hacken. Käse zerbröseln. Hackfleisch in eine Schüssel geben. Knoblauch abziehen und durch eine Knoblauchpresse zum Fleisch pressen. Aprikosen, die Hälfte der Petersilie, Käse, Ei, Semmelbrösel und Tomatenmark untermischen. Hackmasse mit Salz und Chiliflocken würzen.

3. Hackmasse mit feuchten Händen zu 6 länglichen Frikadellen formen. 2 Esslöffel Öl in einer Pfanne erhitzen und die Frikadellen darin bei mittlerer bis starker Hitze rundherum 5 Minuten braten. Frikadellen mit auf das Blech legen und alles im heißen Backofen im unteren Drittel 15 Minuten garen.

4. Joghurt in ein Schälchen füllen, mit 1 Esslöffel Öl beträufeln und mit Chiliflocken bestreuen. Paprika und Frikadellen aus dem Backofen nehmen und mit der restlichen Petersilie bestreuen. Mit Fladenbrot servieren.

Zutaten für 2 Personen

3 rote Spitzpaprika
4 EL Olivenöl
Salz
30 g getrocknete Aprikosen
3 Stängel glatte Petersilie
40 g Schafskäse
300 g Rinderhackfleisch
1 Knoblauchzehe
1 Ei (Größe M)
2–3 EL Semmelbrösel
1 TL Tomatenmark
getrocknete Chiliflocken
150 g Naturjoghurt
1 kleines Fladenbrot

Zubereitungszeit:
35 Minuten

ALTERNATIVE Statt Rinderhack die Frikadellen mit Lammhack zubereiten. Anstelle der getrockneten Aprikosen Cranberrys verwenden.

TIPP Die Hackfleischmasse auf 4 Metallspießen zu länglichen Frikadellen formen, dünn mit Olivenöl einpinseln und auf einem heißen Grill rundherum 15 Minuten grillen. Dazu passen der Hirtensalat von Seite 74 oder der Bulgursalat von Seite 73.

SPINAT-ZIEGENKÄSE-TASCHEN

1. Spinat auftauen lassen, kräftig ausdrücken und grob hacken. Den Backofen auf 180 °C (Umluft 160 °C, Gas Stufe 2–3) vorheizen. Ein Backblech mit Backpapier belegen. Zitrone waschen, trockentupfen und 1 bis 2 Teelöffel Schale fein abreiben.

2. Öl in einer Pfanne erhitzen und den Spinat darin bei mittlerer Hitze 4 Minuten dünsten. Spinat von der Kochstelle nehmen und den Käse unterrühren. Mit Salz, Pfeffer und Zitronenschale würzen.

3. Eigelb mit 1 Esslöffel Wasser verrühren. Blätterteig entrollen, in 9 Quadrate schneiden und auf das Backblech legen. Teig dünn mit der Hälfte des Eigelbs bestreichen. Je 2 Esslöffel der Spinatmischung auf die Teigquadrate geben. Teig von der einen Ecke zur anderen über die Füllung klappen. Die Ränder rundherum sorgfältig andrücken.

4. Die Teigtaschen mit dem restlichen Eigelb bestreichen und mit Sesam bestreuen. Im heißen Backofen auf der mittleren Schiene ca. 20 Minuten goldbraun backen. Heiß servieren.

Zutaten für 2 Personen

500 g tiefgefrorener Blattspinat
1 Biozitrone
2 EL Olivenöl
100 g Ziegenfrischkäse
Salz
Pfeffer, frisch gemahlen
1 Eigelb
1 Rolle Blätterteig
(Kühlregal, 275 g)
1 EL Sesamsaat

Zubereitungszeit:
40 Minuten

TIPP Die Spinat-Ziegenkäse-Taschen sind auch kalt oder lauwarm ein köstlicher Partysnack. Reste schmecken auch noch am nächsten Tag.

ZUSÄTZLICH 20 Gramm getrocknete Sauerkirschen, Cranberrys oder Aprikosen hacken und in die Spinatmischung geben. Teigtaschen vor dem Backen mit 1 Teelöffel Kreuzkümmel und ½ Teelöffel getrockneten Chiliflocken bestreuen – sieht schön aus und schmeckt nach einem Hauch Orient.

OFENGEMÜSE MIT DIP

1. Den Backofen auf 220 °C (Umluft 200 °C, Gas Stufe 4–5) vorheizen. Kürbis waschen, putzen und entkernen. Fenchel waschen, putzen und das zarte Grün beiseite legen. Kürbis und Fenchel in 1 Zentimeter dicke Spalten schneiden. Möhren waschen, schälen und schräg in 1 Zentimeter dicke Scheiben schneiden. Kartoffeln waschen, trockentupfen und halbieren. Rosmarin waschen, trockenschütteln und die Nadeln von den Zweigen streifen. Knoblauchzehen abziehen und halbieren.

2. Kartoffeln, Kürbis, Fenchel, Möhren, Rosmarin und Knoblauch in einer Schüssel mit 2 Esslöffel Öl mischen, salzen und pfeffern. Gemüse auf einem Backblech verteilen und im heißen Backofen im unteren Drittel 30 bis 35 Minuten garen.

3. In der Zwischenzeit den Frischkäse mit Zitronensaft und 1 Esslöffel Öl verrühren. Mit Salz und Pfeffer würzen. Schnittlauch waschen, trockenschütteln und in Röllchen schneiden. Schnittlauch unter den Frischkäse rühren. Das Ofengemüse mit dem Dip servieren.

Zutaten für 2 Personen

300 g Hokkaido-Kürbis
1 große Fenchelknolle mit Grün
200 g Möhren
300 g kleine, neue Kartoffeln (Drillinge)
2 Zweige Rosmarin
4 Knoblauchzehen
3 EL Olivenöl
Salz
Pfeffer, frisch gemahlen
200 g körniger Frischkäse
1 EL Zitronensaft, frisch gepresst
½ Bund Schnittlauch

Zubereitungszeit:
45 Minuten

TIPP Sind noch Paprikaschoten, Sellerieknolle, Süßkartoffeln, Pastinaken, Rote Bete oder Blumenkohl im Kühlschrank? Kein Problem! Einfach waschen, putzen, in Stücke schneiden und mit auf das Blech legen!

ZUSÄTZLICH Zwei im Gelenk geteilte Hähnchenkeulen mit auf das Blech legen. Dann erhöht sich die Garzeit auf 40 bis 45 Minuten.

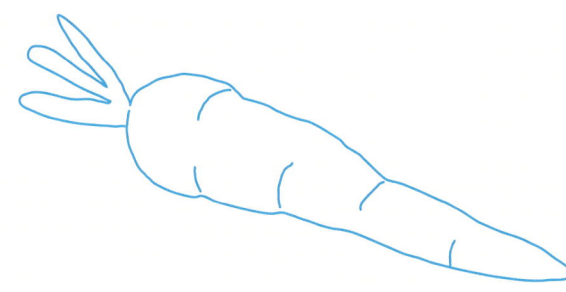

GEMÜSE-TORTILLA

1. Den Backofen auf 180 °C (Umluft 160 °C, Gas Stufe 2–3) vorheizen. Etwas Wasser zum Blanchieren aufkochen und salzen. Erbsen in das kochende Salzwasser geben und 2 Minuten kochen. Abgießen, mit kaltem Wasser abschrecken und abtropfen lassen. Lauch putzen, längs halbieren, gründlich waschen und in 2 Zentimeter große Stücke schneiden. Petersilie waschen, trockenschütteln, Blätter abzupfen und fein schneiden. Käse fein reiben.

2. Eier mit Milch und Käse verquirlen, salzen und pfeffern. Öl in einer ofenfesten Pfanne (à 18 Zentimeter Durchmesser) erhitzen. Den Lauch darin bei mittlerer Hitze 5 Minuten dünsten, leicht salzen und pfeffern. Erbsen und die Hälfte der Petersilie untermischen.

3. Eimischung über das Gemüse gießen und 2 Minuten stocken lassen. Im heißen Backofen auf der mittleren Schiene 20 Minuten backen. Kurz ruhen lassen, aus der Pfanne stürzen und in Stücke schneiden. Mit der restlichen Petersilie bestreuen und servieren.

Zutaten für 2 Personen

Salz
150 g tiefgefrorene Erbsen
250 g Lauch
3 Stängel glatte Petersilie
40 g Bergkäse
4 Eier (Größe M)
50 ml Milch
Salz
Pfeffer, frisch gemahlen
2 EL Olivenöl

Zubereitungszeit:
30 Minuten

TIPP Reste der Tortilla schmecken auch kalt als Mittagssnack oder zum Picknick.

ALTERNATIVE Die Tortilla kann auch mit anderem Gemüse wie Zucchini, Paprika oder Kürbis zubereitet werden. Statt Bergkäse eignet sich auch Parmesan, Manchego oder mittelalter Gouda.

TOMATENSALAT

Dazu passt ein frischer Tomatensalat. Dafür 350 Gramm Tomaten waschen und grob schneiden. Mit 2 Esslöffel Rotweinessig, 1 Esslöffel Wasser, Salz, 1 Prise Zucker, Pfeffer und 3 bis 4 Esslöffel Rapsöl mischen. 2 Esslöffel Schnittlauchröllchen untermischen.

DEUTSCH & INTERNATIONAL

SCHNITZEL HAWAII

1. Den Backofen auf 240 °C (Umluft nicht empfehlenswert, Gas Stufe 5–6) vorheizen. Ein Backblech mit Backpapier belegen.

2. Ananas schälen, den harten Strunk mit einem Apfelausstecher entfernen und das Fruchtfleisch in 4 Scheiben schneiden. Käse raspeln. Schnittlauch waschen, trockenschütteln und in Röllchen schneiden.

3. Öl mit Currypulver in einer Auflaufform verrühren. Schnitzel waschen, trockentupfen und in dem Curryöl wenden. Toastscheiben im Toaster hellbraun toasten und auf das Backblech legen.

4. Eine Pfanne erhitzen und die Schnitzel darin bei starker Hitze auf jeder Seite 1 Minute anbraten. Salzen und pfeffern. Toast mit Schinken, gebratenen Schnitzeln und Ananas belegen und mit Käse bestreuen. Im heißen Backofen auf der mittleren Schiene 5 bis 7 Minuten überbacken. Mit den Schnittlauchröllchen bestreuen und sofort servieren.

Das Bild zum Rezept befindet sich auf Seite 98.

Zutaten für 2 Personen

1 Baby-Ananas (ersatzweise ¼ große Ananas)
50 g mittelalter Gouda
½ Bund Schnittlauch
2 EL neutrales Öl
1 TL Currypulver
4 kleine Schweineschnitzel (à 70 g)
2 Scheiben Sandwichtoast
Salz
Pfeffer, frisch gemahlen
2 Scheiben Kochschinken

Zubereitungszeit:
20 Minuten

NOCH SCHNELLER Ananasringe aus der Dose (150 Gramm) und Goudascheiben verwenden.

ALTERNATIVE Das Rezept kann auch mit Hähnchenbrustfilet zubereitet werden. Dafür 280 Gramm Hähnchenbrustfilet schräg in 4 Scheiben schneiden und zwischen Frischhaltefolie etwas flach klopfen.

BAUERNFRÜHSTÜCK

1. Kartoffeln pellen und in ½ Zentimeter dicke Scheiben schneiden. Zwiebeln abziehen, halbieren und in Streifen schneiden. Speckscheiben quer in 1 Zentimeter breite Streifen schneiden. Gurken schräg in Scheiben schneiden.

2. Eier mit Milch verquirlen. Mit Salz, Pfeffer und Muskatnuss würzen. Schnittlauch waschen, trockenschütteln und in Röllchen schneiden.

3. Eine Pfanne erhitzen und den Speck darin bei mittlerer bis starker Hitze 5 Minuten braten. Speck aus der Pfanne nehmen. Butterschmalz in die Pfanne geben und im Speckfett schmelzen. Kartoffeln darin 8 Minuten goldbraun braten, salzen und pfeffern. Zwiebeln dazugeben und 5 Minuten mitbraten. Speckstreifen und Gurkenscheiben untermischen.

4. Eiermilch über die Kartoffelmischung gießen und unter gelegentlichem Rühren ca. 7 Minuten stocken lassen. Bauernfrühstück mit Schnittlauch bestreuen und servieren.

Zutaten für 2 Personen

400 g gekochte Pellkartoffeln
(vom Vortag)
2 Zwiebeln
100 g Frühstücksspeck
(Bacon, in Scheiben)
100 g Gewürzgurken
4 Eier (Größe M)
2 EL Milch
Salz
Pfeffer, frisch gemahlen
Muskatnuss, frisch gerieben
½ Bund Schnittlauch
1 EL Butterschmalz

Zubereitungszeit:
25 Minuten

ALTERNATIVE Auch mit 100 Gramm in Streifen geschnittenem Kochschinken schmeckt das Bauernfrühstück köstlich. Den Schinken allerdings nicht anbraten, sondern mit den Gurkenscheiben untermischen.

ZUSÄTZLICH Den Tomatensalat von Seite 97 zu dem Bauernfrühstück servieren, um etwas Frische mit einzubringen.

PILZ-SCHNITZEL

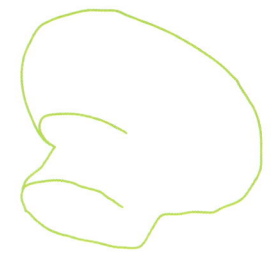

1. Pilze putzen und je nach Größe halbieren oder vierteln. Zwiebel abziehen, halbieren und in Streifen schneiden. Petersilie waschen, trockenschütteln, Blätter abzupfen und hacken. Schnitzel waschen und trockentupfen.

2. Öl in einer Pfanne erhitzen. Schnitzel mit Salz und Pfeffer würzen und in der Pfanne bei starker Hitze auf jeder Seite 2 Minuten braten. Schnitzel aus der Pfanne nehmen.

3. Butter in die Pfanne geben und bei mittlerer Hitze schmelzen. Pilze und Zwiebeln dazugeben und 5 Minuten braten. Tomatenmark einrühren und kurz mitbraten. Mit Wein ablöschen und auf die Hälfte einkochen. Brühe zugießen und aufkochen. Oregano dazugeben und die Sauce 5 Minuten kochen. Mit Salz, Pfeffer und Zucker würzen. Die Sauce nach Bedarf mit Saucenbinder leicht binden.

4. Schnitzel in die Sauce legen und bei schwacher Hitze 5 Minuten ziehen lassen. Mit Petersilie bestreuen und servieren.

Zutaten für 2 Personen

250 g gemischte Pilze
(z. B. Champignons und
Kräuterseitlinge)
1 Zwiebel
3 Stängel glatte Petersilie
2 Schweineschnitzel
(à 150 g)
1½ EL neutrales Öl
Salz
Pfeffer
1 EL Butter
1 TL Tomatenmark
100 ml Rotwein
200 ml Fleischbrühe
½ TL getrockneter Oregano
1 Prise Zucker
ca. 1 TL dunkler Saucenbinder

Zubereitungszeit:
30 Minuten

TIPP Zu diesem Gericht passen Spätzle oder Schupfnudeln aus dem Kühlregal. Diese nach Packungsanweisung garen, gut abtropfen lassen und in einer Pfanne in 1 Esslöffel Butter und ½ Esslöffel Öl goldbraun braten. Die Pilzsauce passt auch gut zu gebratenem Rumpsteak vom Rind oder Schweinenackensteak.

ALTERNATIVE Für ein Pilz-Rahm-Schnitzel einfach statt Rotwein Weißwein nehmen, die Menge der Brühe auf 150 Milliliter reduzieren und 100 Gramm Schlagsahne zugießen und mitkochen. Dann ist es nicht notwendig, die Sauce zu binden.

CURRYWURST

1. Zwiebel abziehen und fein würfeln. 1 Esslöffel Öl in einem Topf erhitzen und die Zwiebel darin bei mittlerer Hitze 2 Minuten dünsten. 1 Teelöffel Currypulver und Cayennepfeffer einrühren. Tomatenmark dazugeben und kurz mitdünsten.

2. Ketchup, Apfelsaft und Essig unterrühren, aufkochen und 2 Minuten kochen. Sauce mit einem Stabmixer fein pürieren. Mit Salz, Pfeffer und Zucker würzen und warm halten.

3. In einer Pfanne 1½ Esslöffel Öl erhitzen und die Bratwürste darin rundherum ca. 10 Minuten braten. Würste in Scheiben schneiden, mit der Sauce beträufeln und mit dem restlichen Currypulver bestreuen. Mit Brötchen servieren.

TIPP Die Sauce ist der Renner auf jeder Grillparty! Das Rezept lässt sich ohne Probleme verdoppeln oder vervierfachen. Im Kühlschrank hält sich die Sauce mindestens 3 Tage und kann je nach Bedarf entnommen und erwärmt werden. Auch ein schönes Mitbringsel!

ALTERNATIVE Der Currysauce sind keine Grenzen gesetzt ... experimentieren erwünscht! Statt des Apfelsaftes kann auch Ananassaft oder Kirschsaft verwendet werden. Im Sommer können sogar ein paar Himbeeren oder Erdbeeren mitpüriert werden. Für Extraschärfe und feinen Geschmack 20 Gramm geschälten und gewürfelten Ingwer mitdünsten.

Zutaten für 2 Personen

1 kleine Zwiebel
2½ EL neutrales Öl
2 TL Currypulver
1 Messerspitze Cayennepfeffer
2 EL Tomatenmark
100 g Ketchup
50 ml Apfelsaft
1 TL Weißweinessig
Salz
Pfeffer, frisch gemahlen
1 Prise Zucker
2 feine, gebrühte Bratwürste
2 frische Brötchen

Zubereitungszeit:
20 Minuten

STEAK MIT PFEFFERRAHMSAUCE

1. Den Backofen auf 170 °C (Umluft nicht empfehlenswert, Gas Stufe 2) vorheizen. Schalotten abziehen und fein würfeln. Grünen Pfeffer grob hacken. Den Fettrand der Steaks mit einem scharfen Messer mehrmals leicht einschneiden.

2. Steaks mit jeweils 1 Esslöffel Öl einreiben und mit Salz und Pfeffer würzen. Eine Pfanne stark erhitzen und die Steaks darin rundherum 3 Minuten anbraten. Steaks auf ein Backblech legen und im heißen Backofen auf der mittleren Schiene 10 bis 12 Minuten medium garen.

3. Inzwischen die Butter im Bratfett in der Pfanne bei mittlerer Hitze schmelzen. Schalotte und grünen Pfeffer darin 2 Minuten dünsten. Mit Cognac ablöschen. Brühe und Sahne zugießen, aufkochen und 5 Minuten kochen. Eventuell mit etwas Saucenbinder binden. Sauce mit Salz und Pfeffer würzen.

4. Schnittlauch waschen, trockenschütteln und in feine Röllchen schneiden. Steaks aus dem Backofen nehmen und kurz ruhen lassen. Mit der Pfeffersauce beträufeln, mit Schnittlauch bestreuen und servieren.

Zutaten für 2 Personen

2 Schalotten (40 g)
1 ½ EL grüner Pfeffer (Glas)
2 Rumpsteaks (à 200 g, Zimmertemperatur)
2 EL Olivenöl
Salz
Pfeffer, frisch gemahlen
½ EL Butter
3 EL Cognac (ersatzweise Brandy oder Weinbrand)
150 ml Fleischbrühe
150 g Schlagsahne
ca. 1 TL heller Saucenbinder
⅓ Bund Schnittlauch

Zubereitungszeit:
25 Minuten

ZUSÄTZLICH Die Kartoffelsticks von Seite 110 sind eine passende Beilage.

ERBSEN-MÖHREN-GEMÜSE

Als Gemüsebeilage zu diesem Klassiker schmeckt ein Erbsen-Möhren-Gemüse. Dazu 300 Gramm Möhren waschen, schälen und schräg in ½ Zentimeter dicke Scheiben schneiden. 1 Esslöffel Butter schmelzen und darin Möhren und 1 Teelöffel Zucker bei mittlerer Hitze 2 Minuten dünsten. 50 Milliliter Mineralwasser zugießen und salzen. Möhren zugedeckt 3 Minuten garen. 150 Gramm tiefgefrorene Erbsen untermischen und 3 Minuten mitgaren. Gemüse mit Salz, Pfeffer und Muskat würzen.

POLENTA-SCHNITZEL MIT KARTOFFELSALAT

1. Kartoffeln waschen und in einem Topf mit heißem Salzwasser bedecken. Aufkochen und 15 bis 20 Minuten garen.

2. Zwiebel abziehen und fein würfeln. 1 Esslöffel Öl in einem Topf erhitzen und die Zwiebel darin glasig dünsten. Brühe und Essig zugießen und aufkochen. Brühe mit Salz, Pfeffer und Zucker würzen. Kartoffeln abgießen, kurz ausdämpfen lassen und dritteln. Kartoffeln mit der Essig-Brühe mischen. Gurke waschen, schälen und in 1 Zentimeter große Stücke schneiden. Schnittlauch waschen, trockenschütteln und in Röllchen schneiden.

3. Schweinefilet waschen, trockentupfen und schräg in 1 Zentimeter dicke Scheiben schneiden. Fleischscheiben nebeneinander in einen großen Gefrierbeutel legen und flach klopfen. Polenta auf einen Teller geben. Schnitzel salzen, pfeffern und in Polenta wenden. 3 Esslöffel Öl erhitzen. Schnitzel darin auf jeder Seite 2 bis 3 Minuten goldbraun braten.

4. Gurke, Schnittlauch und 2 Esslöffel Öl unter den Kartoffelsalat mischen. Den Salat mit Salz und Pfeffer abschmecken und mit den Schnitzeln servieren.

Zutaten für 2 Personen

500 g kleine, neue Kartoffeln (Drillinge)
Salz
1 kleine Zwiebel
6 EL neutrales Öl
200 ml Gemüsebrühe
3 EL Weißweinessig
Pfeffer, frisch gemahlen
Zucker
½ Salatgurke
½ Bund Schnittlauch
200 g Schweinefilet
60 g Polenta (Maisgrieß)

Zubereitungszeit:
45 Minuten

TIPP Der Salat schmeckt auch noch gut durchgezogen am nächsten Tag. Die Gurke erst dann schneiden und untermischen, da der Salat sonst verwässert. Für eine leichte Schärfe in Scheiben geschnittene Radieschen und 2 Esslöffel frisch geriebenen Meerrettich unter den Kartoffelsalat mischen.

NOCH SCHNELLER Den Kartoffelsalat statt mit Schnitzeln mit heißen Wiener Würstchen servieren.

FISCH À LA BORDELAISE

1. Den Backofen auf 100 °C vorheizen. Brötchen in Scheiben schneiden und auf der mittleren Schiene 10 Minuten trocknen. Herausnehmen. In grobe Brösel hacken oder brechen.

2. Den Backofen auf 200 °C (Umluft nicht empfehlenswert, Gas Stufe 3–4) hochheizen. Zwiebel und Knoblauch abziehen und fein würfeln. Zitrone waschen, trockentupfen und 1 Teelöffel Schale fein abreiben. 1 Esslöffel Butter in einem Topf schmelzen und Zwiebel und Knoblauch darin bei mittlerer Hitze 2 Minuten dünsten. Brotbrösel, ½ Teelöffel Estragon und Zitronenschale untermischen. Mit Salz und Pfeffer würzen. Die Bröselmischung auf einen Teller geben.

3. In dem gleichen Topf Weißwein und Sahne mit ½ Teelöffel Estragon aufkochen. Mit Salz und Pfeffer würzen. Fisch waschen, trockentupfen und die Filets quer halbieren.

4. Zwei kleine Auflaufformen (15 x 12 Zentimeter, ersatzweise eine große Form 30 x 20 Zentimeter) mit der restlichen Butter ausfetten. Sauce hineingießen. Fisch leicht salzen und pfeffern, in die Sauce legen und die Estragonbrösel darauf verteilen. Im Backofen 15 bis 20 Minuten garen.

Zutaten für 2 Personen

50 g Brötchen oder Baguette (vom Vortag)
1 kleine Zwiebel
1 Knoblauchzehe
1 Biozitrone
1½ EL Butter
1 TL getrockneter Estragon
Salz
Pfeffer, frisch gemahlen
50 ml Weißwein
150 g Schlagsahne
2 Seelachsfilets (à 170 g)

Zubereitungszeit:
35 Minuten

NOCH SCHNELLER
Das Brötchen am Vortag in Scheiben schneiden und an der Luft trocknen lassen. Am nächsten Tag zerkleinern und verwenden.

ALTERNATIVE
Für die Bröselkruste getrockneten Thymian oder Kräuter der Provence verwenden. Oder auch 1 Teelöffel Tomatenmark einrühren.

PETERSILIEN-BOHNEN

300 Gramm grüne, tiefgekühlte Bohnen in Salzwasser 2 Minuten kochen. 3 Stängel Petersilie hacken. Bohnen und Petersilie in 1 Esslöffel Butter schwenken, salzen und pfeffern.

KNUSPRIGE KARTOFFELSTICKS

1. Den Backofen auf 220 °C (Umluft 200 °C, Gas Stufe 4–5) vorheizen. Ein Backblech mit Backpapier belegen.

2. Kartoffeln waschen, schälen und in 1 Zentimeter dicke Stifte schneiden. Thymian waschen, trockenschütteln und die Blättchen abzupfen.

3. Öl mit Paprikapulver verrühren. Kartoffeln in einer Schüssel mit Paprikaöl und Thymian mischen und kräftig salzen.

4. Kartoffeln auf dem Backblech verteilen. Im heißen Backofen auf der mittleren Schiene 25 bis 30 Minuten goldbraun backen. Kartoffelsticks eventuell etwas nachsalzen.

Zutaten für 2 Personen

600 g mittelgroße, festkochende Kartoffeln
5 Stängel Thymian
2 EL Olivenöl
½ TL edelsüßes Paprikapulver
grobes Meersalz

Zubereitungszeit:
35 Minuten

TIPP Nach Belieben mit Ketchup und Mayonnaise servieren.

BLITZ-AIOLI

Die Kartoffelsticks schmecken besonders lecker in eine Blitz-Aioli gedippt! Dafür 1 ganz frisches Ei (Größe M), 200 Milliliter neutrales Öl, 1 Teelöffel mittelscharfen Senf, Salz, Pfeffer und 2 Spritzer Zitronensaft in ein hohes schmales Gefäß geben. Einen Stabmixer in den Becher stellen und auf höchster Stufe laufen lassen. Langsam hochziehen und dabei alle Zutaten zu einer dickflüssigen Mayonnaise verquirlen. Mit 1 bis 2 durchgepressten Knoblauchzehen mischen und mit Salz, Pfeffer und Zitronensaft nachwürzen.

MAIS-FRITTERS

1. Eier trennen. Eiweiß mit den Quirlen eines Handrührgerätes zu Eischnee steif schlagen. Eigelb mit Mineralwasser verrühren. Mehl, Salz und Pfeffer mischen. Eimischung unter das Mehl rühren, Eischnee unterheben und alles zu einem glatten Teig verrühren.

2. Pfefferschote waschen und schräg in feine Scheiben schneiden. Frühlingszwiebeln waschen und putzen, das Weiße und Hellgrüne in feine Ringe schneiden. Mais in einem Sieb abgießen, abspülen und gut abtropfen lassen. Pfefferschote, Frühlingszwiebeln und Mais unter den Teig mischen.

3. Öl in einer beschichteten Pfanne erhitzen. Jeweils 2 Esslöffel Maisteig in die Pfanne geben, etwas flach drücken und die Taler bei mittlerer Hitze auf jeder Seite ca. 5 Minuten goldbraun braten. Auf Küchenpapier abtropfen lassen.

4. Limette waschen, trockentupfen und in Ecken schneiden. Mais-Fritters mit Limettenecken und Schmand servieren.

Zutaten für 2 Personen

2 Eier (Größe M)
100 ml Mineralwasser
120 g Mehl
½ TL Salz
Pfeffer, frisch gemahlen
1 rote Pfefferschote
4 Frühlingszwiebeln
1 Dose Mais (285 g Abtropfgewicht)
4 EL neutrales Öl
1 Limette
150 g Schmand

Zubereitungszeit:
15 Minuten

TIPP **Die Mais-Fritters zum Aperitif reichen. Einfach im Backofen bei 100 °C (Umluft nicht empfehlenswert, Gas Stufe 1) warm halten, und, wenn die Gäste kommen, zu einem kalten Glas Sekt servieren.**

TOMATEN-GURKEN-SALSA

Dazu passt eine frische Tomaten-Gurken-Salsa. Dafür 150 Gramm Tomaten waschen, entkernen und fein würfeln. 150 Gramm Salatgurke waschen, schälen, längs halbieren, entkernen und fein würfeln. Tomaten und Gurke mit 1 Esslöffel Limettensaft, Salz, getrockneten Chiliflocken, 1 Prise Zucker und 1 bis 2 Esslöffel Olivenöl mischen. 4 Stängel Koriandergrün waschen, trockenschütteln und die Blätter mit den zarten Stielen abzupfen und hacken. Koriander unter die Salsa mischen.

OFENBAGUETTE

1. Den Backofen auf 200 °C (Umluft 180 °C, Gas Stufe 3–4) vorheizen. Ein Backblech mit Backpapier belegen.

2. Basilikum waschen, trockenschütteln, die Blätter abzupfen und fein schneiden. Knoblauch abziehen, durch eine Knoblauchpresse drücken und mit Öl und Basilikum mischen.

3. Mozzarella abtropfen lassen und in Scheiben schneiden. Tomaten waschen, Stielansatz entfernen und das Fruchtfleisch in Scheiben schneiden.

4. Baguette an der Oberfläche mehrmals schräg einschneiden und auf das Backblech legen. Einschnitte mit der Hälfte des Basilikumöls beträufeln. Mozzarella- und Tomatenscheiben in die Einschnitte stecken und mit dem restlichen Öl beträufeln. Mit Salz und Pfeffer würzen.

5. Die gefüllten Baguettes im heißen Backofen auf der mittleren Schiene 15 Minuten überbacken.

Zutaten für 2 Personen

3 Stängel Basilikum
1 Knoblauchzehe
3 EL Olivenöl
1 Kugel Mozzarella (125 g)
180 g Tomaten
1 Aufbackbaguette (150 g, ersatzweise 2 Baguettebrötchen)
Salz
Pfeffer, frisch gemahlen

Zubereitungszeit:
25 Minuten

TIPP Das überbackene Ofenbaguette ist auch ein super Partysnack!

ZUSÄTZLICH Das Baguette vor dem Backen mit einigen Scheiben dünn geschnittener Salami und grünen Oliven füllen.

FRENCH TOAST

1. Brotscheiben mit einem Brotmesser waagerecht halbieren, dabei aber nur so tief einschneiden, dass die Scheiben noch zusammenhalten. Einschnitte mit je 1 Esslöffel Ajvar einstreichen und jeweils eine Scheibe Schinken und Käse dazwischen legen.

2. Die Eier mit der Milch verquirlen, salzen und pfeffern. Brotscheiben gut andrücken und von beiden Seiten in die Eiermilch eintauchen.

3. Butter in einer beschichteten Pfanne erhitzen und die gefüllten Brote darin bei mittlerer Hitze auf jeder Seite ca. 3 Minuten goldbraun braten. Aus der Pfanne nehmen und sofort servieren.

Zutaten für 2 Personen

2 Scheiben Kastenweißbrot (4 cm dick)
2 EL mildes Ajvar (Paprikapaste, Glas)
2 dünne Scheiben Kochschinken
2 Scheiben Bergkäse (z. B. Appenzeller)
2 Eier (Größe M)
100 ml Milch
Salz
Pfeffer, frisch gemahlen
2 EL Butter

Zubereitungszeit:
20 Minuten

SALAT MIT SENF-VINAIGRETTE

Dazu passt ein knackiger Salat mit Senf-Vinaigrette. Dafür 1 kleinen Bataviasalat putzen, waschen und etwas trockenschleudern. 2 Möhren waschen, schälen und in dünne Scheiben schneiden. 2 Esslöffel Rotweinessig mit 1 Teelöffel grobem Senf, 2 Esslöffel Wasser, Salz, Pfeffer und 1 Teelöffel Zucker verrühren. 4 Esslöffel Rapsöl nach und nach unterrühren. Salatblätter grob zupfen. Salat und Möhren mit der Senf-Vinaigrette mischen.

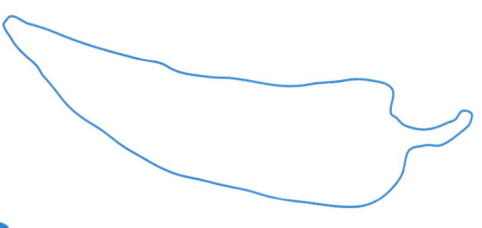

KARTOFFELN MIT PAPRIKA-SCHMAND-DIP

1. Kartoffeln waschen und ungeschält mit Salz in einen Topf geben. Mit warmem Wasser bedecken, aufkochen und zugedeckt bei mittlerer Hitze 20 Minuten kochen.

2. Für den Dip die Spitzpaprika waschen, längs halbieren, entkernen und in kleine Würfel schneiden. Schalotte abziehen und fein würfeln. Petersilie waschen, trockenschütteln, Blätter abzupfen und hacken.

3. Schmand und saure Sahne in einer Schüssel glatt rühren. Mit Salz, Pfeffer, Zucker und Zitronensaft würzen. Paprika, Schalotte und Petersilie unterrühren.

4. Kartoffeln abgießen, kurz ausdämpfen lassen und pellen. Kartoffeln mit dem Paprika-Schmand-Dip servieren.

Zutaten für 2 Personen

600 g festkochende Kartoffeln
Salz
1 rote Spitzpaprika (150 g)
1 kleine Schalotte
3 Stängel glatte Petersilie
150 g Schmand
150 g saure Sahne
Pfeffer, frisch gemahlen
1 Prise Zucker
1–2 TL Zitronensaft, frisch gepresst

Zubereitungszeit:
25 Minuten

OFENKARTOFFEL

Wer mehr Zeit hat, serviert den Dip zu einer klassischen Ofenkartoffel. Dafür den Backofen auf 180 °C (Umluft nicht zu empfehlen, Gas Stufe 2–3) vorheizen. 2 große mehligkochende Kartoffeln (à 300 Gramm) waschen und trockentupfen. Kartoffeln mit jeweils 1 Esslöffel Olivenöl und Salz einreiben und auf ein Backblech legen. Im heißen Backofen im unteren Drittel 1½ Stunden backen. Kartoffeln aus dem Backofen nehmen, längs einschneiden und etwas auseinanderdrücken. Den Dip darauf geben und servieren.

MAC'N' CHEESE

1. Den Backofen auf 200 °C (Umluft nicht empfehlenswert, Gas Stufe 3–4) vorheizen. Eine Auflaufform (ca. 27 x 20 Zentimeter) mit ½ Esslöffel Butter fetten. Reichlich Wasser für die Nudeln aufkochen und salzen.

2. Lauch putzen, längs halbieren, waschen und in 1 Zentimeter breite Stücke schneiden. Nudeln im Salzwasser bissfest garen. Lauch 4 Minuten vor Ende der Garzeit zufügen und mitkochen. Nudeln und Lauch abgießen, abtropfen lassen.

3. In einem Topf 2 Esslöffel Butter schmelzen. Mehl dazugeben und ca. 1 Minute einrühren. Milch unter Rühren zugießen, aufkochen und die Mehlschwitze bei schwacher Hitze 5 Minuten kochen lassen. Sauce mit Senf, Salz, Pfeffer, Muskat und Cayennepfeffer würzen.

4. Käse raspeln. Thymian waschen, trockenschütteln und die Blättchen abzupfen. Thymian, Semmelbrösel und ⅓ des Käses mischen. Nudeln, Lauch und den restlichen Käse in den Topf zur Sauce geben und untermischen.

5. Die Nudelmischung in die Form füllen und mit der Käse-Brösel-Mischung bestreuen. Im heißen Backofen im unteren Drittel 15 bis 20 Minuten goldbraun überbacken.

Zutaten für 2–3 Personen

2½ EL weiche Butter
Salz
300 g Lauch
180 g Nudeln (Makkaroni, Hörnchennudeln oder Gabelspaghetti)
1½ EL Mehl
400 ml Milch
2 TL mittelscharfer Senf
Pfeffer, frisch gemahlen
Muskatnuss, frisch gerieben
¼ TL Cayennepfeffer
130 g mittelalter Gouda
3 Stängel Thymian
3 EL Semmelbrösel

Zubereitungszeit:
45 Minuten

TIPP Dazu passt ein frischer Blattsalat (Seite 120) oder Tomatensalat (Seite 97). Reste des Auflaufs schmecken aufgewärmt am nächsten Tag.

NOCH SCHNELLER Den Auflauf mit gekochten Nudeln vom Vortag zubereiten.

ALTERNATIVE Statt des Lauchs 200 Gramm tiefgekühlte Erbsen 2 Minuten mit den Nudeln mitkochen. Oder 300 Gramm Brokkoliröschen 5 Minuten im Nudelwasser mitgaren.

HAMBURGER GANZ KLASSISCH

1. Rinderhack mit Salz und Pfeffer würzen. Mit feuchten Händen zu zwei 1 Zentimeter dicken Fleischtalern formen. Auf Backpapier legen und 10 Minuten einfrieren.

2. Tomate waschen, Stielansatz entfernen und das Fruchtfleisch in Scheiben schneiden. Gurke waschen und in Scheiben schneiden. Zwiebel abziehen und in feine Scheiben schneiden. Salat waschen und trockenschleudern.

3. Fleischtaler aus dem Gefrierfach nehmen. Rundherum mit jeweils 1 Esslöffel Öl einreiben. Eine beschichtete Pfanne erhitzen und die Fleischtaler darin auf jeder Seite 3 Minuten braten.

4. Burgerbrötchen nach Packungsangabe erwärmen. Käse auf die Fleischtaler legen, die Pfanne von der Kochstelle ziehen und den Käse leicht schmelzen lassen.

5. Brötchenhälften mit Ketchup und Senf einstreichen. Auf die unteren Hälften Salat und Fleischtaler legen. Darauf Tomaten-, Gurken- und Zwiebelscheiben schichten. Die Brötchendeckel auflegen und die Burger etwas zusammendrücken. Sofort servieren.

Zutaten für 2 Personen

250 g Rinderhack
Salz
Pfeffer, frisch gemahlen
1 Tomate
½ Salatgurke
1 rote Zwiebel
2 Blätter Kopfsalat
2 EL Olivenöl
2 Hamburgerbrötchen
2 Scheiben Cheddar
2 EL Tomatenketchup
1 EL mittelscharfer Senf

Zubereitungszeit:
20 Minuten

ZUSÄTZLICH 4 Scheiben Frühstücksspeck (Bacon) in einer Pfanne bei mittlerer bis starker Hitze knusprig braten und die Burger damit belegen.

TIPP Eine größere Menge Fleischtaler formen, portionsweise in Gefrierbeutel geben, diese fest verschließen und einfrieren. So können Fleischtaler für ein spontanes Burgeressen entnommen und sofort gebraten werden.

ALTERNATIVE Für Fischburger statt der Fleischtaler 4 Fischstäbchen braten und die Burger wie beschrieben belegen, dabei allerdings den Käse weglassen.

GEFÜLLTE TACOS

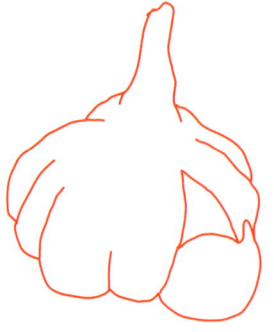

1. Den Backofen auf 180 °C (Umluft 160 °C, Gas Stufe 2–3) vorheizen.

2. Knoblauch abziehen und hacken. Öl in einer Pfanne erhitzen und das Hackfleisch darin bei starker bis mittlerer Hitze ca. 5 Minuten braten. Knoblauch und Tomatenmark dazugeben und kurz mitbraten. Mit Salz, Chiliflocken und Kreuzkümmel würzen.

3. Salat putzen und waschen. Salatblätter in feine Streifen schneiden. Tomaten waschen, putzen und würfeln. Käse raspeln. Avocado halbieren, entkernen, das Fruchtfleisch würfeln und sofort mit Limettensaft mischen. Koriandergrün waschen, trockenschütteln und die Blätter mit den feinen Stielen abzupfen. Saure Sahne glatt rühren. Alle Zutaten einzeln in kleine Schüsseln füllen und auf dem Tisch verteilen.

4. Taco-Schalen nach Packungsanweisung im heißen Backofen aufbacken. Nacheinander mit der Hackmischung, saurer Sahne, Käse, Salat, Tomaten, Avocado und Koriandergrün füllen und sofort essen.

Das Bild zum Rezept befindet sich auf Seite 99.

Zutaten für 2 Personen

1 Knoblauchzehe
2 EL Öl
300 g Rinderhack
1½ EL Tomatenmark
Salz
½–1 TL getrocknete Chiliflocken
¼ TL gemahlener Kreuzkümmel
1 Römersalatherz
120 g Tomaten
60 g Cheddar (ersatzweise Gouda)
1 reife Avocado
2 TL Limettensaft, frisch gepresst
4 Stängel Koriandergrün
150 g saure Sahne
6 Taco-Schalen

Zubereitungszeit:
30 Minuten

TIPP **Die Tacos können auch prima mit dem Chili con carne von Seite 72 gefüllt werden. Dafür das Chili con carne einfach etwas länger einkochen, damit es nicht zu flüssig ist und aus den Taco-Schalen läuft. Dann mit den weiteren Zutaten füllen. Köstlich!**

QUESADILLAS

1. Frühlingszwiebeln waschen, putzen und das Weiße und Hell-grüne schräg in feine Ringe schneiden. Käse raspeln. Saure Sahne in einer Schüssel glatt rühren. Mit Salz und Chiliflo-cken würzen.

2. 2 Tortillas auf eine Arbeitsfläche legen. Mit der sauren Sahne bestreichen und mit Frühlingszwiebeln und Käse bestreuen. Mit den beiden anderen Tortillas bedecken.

3. Eine Pfanne erhitzen. Tortillas nacheinander bei mittlerer Hitze auf jeder Seite ca. 3 Minuten rösten. In Stücke schnei-den und sofort servieren.

Zutaten für 2 Personen

4 Frühlingszwiebeln
40 g Cheddar (ersatzweise Gouda)
70 g saure Sahne
Salz
½ TL getrocknete Chili-flocken
4 Weizentortillas

Zubereitungszeit:
15 Minuten

GUACAMOLE

Die Quesadillas schmecken besonders gut mit einer frischen Guacamole. Dafür ½ rote Chilischote, ½ abgezogene Zwiebel, 1 gewaschene, entkernte Tomate und 1 kleine, abgezogene Knoblauchzehe fein würfeln. 4 Stängel Koriandergrün waschen, trockenschütteln, die Blättchen abzupfen und hacken. 1 reife Avocado halbieren und entkernen. Das Fruchtfleisch mit einer Gabel zerdrücken. Mit 2 Esslöffel Limettensaft, Chili, Zwiebel, Tomate, Knoblauch und Koriander mischen. Guacamole mit Salz und Pfeffer würzen und sofort servieren. Dies ist auch ein leckerer Dip für Nacho-Chips.

SALATE IM BAUKASTENSYSTEM

1. Blattsalat putzen, waschen und leicht trockenschleudern. Salatblätter grob zupfen.

2. Je nach Geschmack weitere Zutaten zum Blattsalat dazugeben (siehe Varianten auf der rechten Seite).

3. Je nach Geschmack ein Dressing dazu wählen und zubereiten (siehe unten). Salat mit dem Dressing anrichten.

TIPP **Für eine herbe Note 50 Gramm des Blattsalates durch Radicchio, Chicorée oder Rauke (Rucola) ersetzen.**

Grundrezept
Zutaten für 2 Personen

200 g Blattsalat
(z. B. Endivien-, Batavia-, Eichenlaub-, Feld-, Kopf- oder Römersalat)

Zubereitungszeit:
je nach Salatvariation und Dressing 20 bis 30 Minuten

BALSAMICO-DRESSING
2 EL Aceto balsamico mit 2 EL Wasser, 1 TL grobem Senf, ½ durchgepressten Knoblauchzehe, Salz, Pfeffer, 1 TL getrocknetem Oregano und 1 TL flüssigem Honig verrühren. 5 EL Olivenöl nach und nach unterrühren.

BUTTERMILCH-DRESSING
150 ml Buttermilch mit 150 g Naturjoghurt, 2 EL frisch gepresstem Zitronensaft verrühren. Mit Salz, Pfeffer und Zucker würzen. 1 EL Schnittlauchröllchen oder 1 EL gehackten Dill untermischen.

THOUSAND-ISLAND-DRESSING
100 ml Milch mit 100 g Naturjoghurt, 3 EL Mayonnaise, 3 EL frisch gepresstem Orangensaft und 2 EL Tomatenketchup verrühren. 1 fein gewürfelte rote Pfefferschote, ½ EL Schnittlauchröllchen und ½ EL gehackte Petersilie untermischen. Mit Salz und Pfeffer würzen.

ZITRONEN-KRÄUTER-DRESSING
2 EL frisch gepressten Zitronensaft mit 2 EL Wasser, Salz, Pfeffer und Zucker verrühren. 5 EL Rapsöl nach und nach unterrühren. 2 EL gehackte, gemischte Kräuter (z. B. Petersilie, Estragon, Zitronenmelisse, Minze und Kerbel) untermischen.

SALAT MIT ÄPFELN UND MÖHREN

150 g Apfel waschen, vierteln, entkernen und in dünne Scheiben schneiden. **150 g Möhren** waschen, schälen und in dünne Scheiben schneiden. **2 EL Sonnenblumenkerne** in einer Pfanne ohne Fett rösten. Alle Zutaten mit Blattsalat (siehe Grundrezept links) mischen.
Dressing: Dazu passt Zitronen-Kräuter-Dressing.

SALAT MIT BIRNEN UND KÄSE

1 reife Birne waschen, vierteln und in Spalten schneiden. **80 g Blauschimmelkäse** in grobe Stücke brechen. **2 EL Walnusskerne** grob hacken und in einer Pfanne ohne Fett rösten. Alle Zutaten mit Blattsalat (siehe Grundrezept links) mischen.
Dressing: Dazu passt **Balsamico-Dressing.**

SALAT MIT NEKTARINEN, MOZZARELLA UND SCHINKEN

125 g Mozzarella in grobe Stücke schneiden. **1 reife Nektarine oder Pfirsich** waschen, halbieren, entkernen und in dünne Spalten schneiden. **80 g rohen Schinken** grob zerzupfen. Alle Zutaten mit Blattsalat (siehe Grundrezept links) mischen.
Tipp: Statt der Nektarinen **100 g frische Himbeeren** nehmen.
Dressing: Dazu passen Zitronen-Kräuter-Dressing oder Buttermilch-Dressing.

SALAT MIT PILZEN UND SPECK

1 rote Zwiebel abziehen, halbieren und in Streifen schneiden. **150 g Champignons** putzen und je nach Größe halbieren oder vierteln. **60 g durchwachsenen Speck** würfeln. Speck in einer Pfanne knusprig braten und herausnehmen. Pilze und Zwiebel im Speckfett bei mittlerer bis starker Hitze 5 Minuten braten, salzen und pfeffern. Alle Zutaten mit Blattsalat (siehe Grundrezept links) mischen.
Dressing: Dazu passen Zitronen-Kräuter-Dressing oder Balsamico-Dressing.

CHEFSALAT

2 Eier in kochendem Wasser 8 bis 10 Minuten hart kochen, abschrecken, pellen und achteln. 2 Tomaten waschen, putzen und in grobe Stücke schneiden. **½ Salatgurke** waschen, schälen und in grobe Stücke schneiden. **100 g Mais (Dose)** abspülen. **1 rote Spitzpaprika** waschen, entkernen und in Streifen schneiden. **50 g gekochten Schinken** und **50 g Gouda** in Streifen schneiden. Alle Zutaten mit Blattsalat (siehe Grundrezept links) mischen.
Dressing: Dazu passt Thousand-Island-Dressing oder Buttermilch-Dressing.

KNUSPERHÄHNCHEN MIT CAESAR-SALAT

1. Den Backofen auf 200 °C (Umluft 180 °C, Gas Stufe 3–4) vorheizen. Hähnchenbrustfilets waschen und trockentupfen. Fleisch in 3 Zentimeter große Stücke schneiden, salzen und pfeffern. Cornflakes in einem Gefrierbeutel grob zerdrücken. Eier verquirlen.

2. Fleischstücke nacheinander in Mehl, Ei und Cornflakes wenden und diese gut andrücken. Butterschmalz in einer Pfanne erhitzen und die Fleischstücke darin bei mittlerer bis starker Hitze auf jeder Seite 1 Minute braten. Auf ein Backblech legen und im heißen Backofen im unteren Drittel 10 Minuten fertig garen.

3. Mayonnaise mit Joghurt, Milch, Zitronensaft und Parmesan verrühren. Knoblauch abziehen und durch eine Knoblauchpresse dazudrücken. Dressing mit Salz, Pfeffer, Zucker und einigen Spritzern Worcestershiresauce würzen.

4. Salat putzen, waschen und trockenschleudern. Salatblätter in 1 Zentimeter breite Streifen schneiden. Salat mit dem Dressing mischen und mit dem Knusperhähnchen servieren.

Zutaten für 2 Personen

300 g Hähnchenbrustfilet
Salz
Pfeffer, frisch gemahlen
80 g Cornflakes
2 Eier (Größe M)
5 EL Mehl
3–4 EL Butterschmalz
4 EL Salatmayonnaise
150 g Naturjoghurt
8 EL Milch
2 EL Zitronensaft, frisch gepresst
2 EL frisch geriebener Parmesan
1 kleine Knoblauchzehe
1 Prise Zucker
Worcestershiresauce
2 Römersalatherzen

Zubereitungszeit:
35 Minuten

MANGODIP

Die Knusperhähnchenstücke sind ein leckerer Snack für zwischendurch. Einfach den Salat weglassen und einen fruchtig-scharfen Mangodip zubereiten. Dazu ½ reife Mango schälen und fein würfeln. 2 Frühlingszwiebeln waschen, putzen und das Weiße und Hellgrüne fein schneiden. 3 Esslöffel Aprikosenkonfitüre bei mittlerer Hitze erwärmen. Mango und Frühlingszwiebeln unterrühren. Mit 1 Teelöffel mildem Currypulver, Chiliflocken, Salz und 1 Teelöffel Zitronensaft würzen und leicht abkühlen lassen.

REZEPTREGISTER

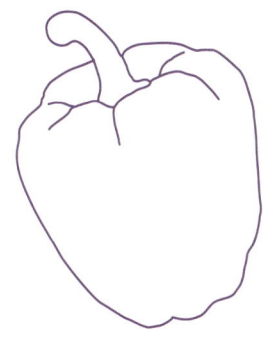

IMPRESSUM

1. Auflage

© 2021 by Bassermann Verlag, einem Unternehmen der Penguin Random House Verlagsgruppe GmbH, Neumarkter Str. 28, 81637 München
© der Originalausgabe 2013 by Südwest Verlag, einem Unternehmen der Penguin Random House Verlagsgruppe GmbH, Neumarkter Str. 28, 81637 München
Originaltitel: Schneller als der Lieferservice

ISBN 978-3-8094-4494-7

Umschlaggestaltung: Atelier Versen, Bad Aibling
Herstellung: Elke Cramer
Projektleitung: Anja Halveland

Foodfotos und Requisitenstyling: Maike Jessen, www.maikejessen.de
Foodstyling: Anne Lucas, www.annelucas.de
Bildredaktion: Tanja Nerger

Layout: Katja Muggli
DTP, Gesamtproducing:
Grafikdesign Hansen – Jan-Dirk Hansen

Redaktion: Dr. Ute Paul-Prößler
Korrektorat: Susanne Langer

Satz für diese Ausgabe: Nadine Thiel, kreativsatz, Baldham

Druck und Bindung: DZS Grafik d.o.o., Ljubljana

Printed in Slovenia

MIX
Papier aus verantwortungsvollen Quellen
FSC® C106600

Penguin Random House Verlagsgruppe FSC® N001967

Rezept auf Seite 117